장로회신학대학교 신약성경공부 교재 19

히브리서
(학습자용)

소기천 · 고원석 · 이연길 지음

장로회신학대학교출판부

2009

장로회신학대학교 신약성경공부 교재 19 (학습자용)

히브리서

초판 인쇄 / 2009년 8월 10일
초판 발행 / 2009년 8월 20일

지은이 / 소기천 · 고원석 · 이연길 지음
발행인 / 장영일
펴낸곳 / 장로회신학대학교출판부
등록 / 제4-33호
주소 / 143-756 서울시 광진구 샘말길 23(광장동 353)
전화 / (02) 450-0795
팩스 / (02) 450-0797
E-mail / ptpress@pcts.ac.kr

ISBN / 978-89-7369-242-2 94230
ISBN / 978-89-7369-207-1 (세트)
값 9,000원

히브리서

(학습자용)

PCTS New Testament Bible Study: Volume 19

Hebrews

Student Edition

So, Ky Chun · Koh, Won Seok · Lee, Yeon Gil

Presbyterian College and Theological Seminary Press

발간사

성경의 소중함과 성경공부의 가치는 아무리 강조해도 지나치지 않을 것입니다. 성경에서 우리는 생명보다 소중한 하나님의 말씀을 들을 수 있을 뿐만 아니라 우리의 참 왕이시며 주인되시는 예수님을 만나고(요 5:39) 삶의 갖가지 역경과 시련 가운데서도 이를 극복할 수 있는 위로와 용기와 지혜를 얻을 수 있기 때문입니다.

20세기의 기적으로 알려진 헬렌 켈러 여사는 독서의 양이나 사상에 있어서도 뛰어난 인물로, 그녀가 삼중고를 극복하고 어둠 속에서 빛을 발하는 승리의 인생을 마감하면서 우리에게 남겨 준 의미 있는 말에 귀를 기울일 필요가 있습니다: “나에게 잃어버린 세계를 되찾게 한 것은 책의 힘입니다. 그 중에서도 내가 가장 애독하는 것은 성경이지요. 나는 어린 소녀 시절부터 언제나 용기와 기쁨을 얻기 위해 성경을 읽었습니다. 나는 하도 많이 읽어서 어떤 곳은 글자(점자)가 문드러져 나갈 정도였습니다. 그것은 내 손가락 끝에서 점자가 닳고 닳았기 때문입니다. 성경은 나의 전 생애의 지침이 되고 위안이 되었습니다. 삼중고를 짊어진 나에게 불굴의 정신을 갖게 한 것은 성경이었습니다. 나는 날마다 성경을 읽을 적마다 기력을 새로 회복하고 포부를 확대해 나갈 수 있었습니다. 그러므로 시간을 내어 성경을 읽고 영을 새롭게 하여야 합니다.”

이와 같이 우리에게 삶의 지혜와 명철을 제공해 주는 성경을 그 어느 과목보다도 열심히 읽고 공부해야 하는 것은 평생 동안 하나님의 말씀을 선포하고 성경을 가르쳐야 하는 신학도에게 있어서 마치 전쟁을 앞두고 군인이 탄환을 충분히 확보해 두는 것과 같고 가뭄에 대비하여 저수지에 수자원을 넉넉히 비축해 두는 것과 비교될 수 있을 것입니다.

우리 장로회신학대학교에서는 이처럼 성경공부의 중요성을 새롭게 인식하여 지난 2007년부터 신학대학원생들이 졸업하기에 앞서 적어도 두 학기 이상 매 학기마다 개설되는 성경공부 과목을 수강할 수 있게 배려하고 있습니다.

신약성경공부 교재로 이미 출간된 마가복음, 사도행전, 로마서에 이어 이번에 선보이는 히브리서 교재도 우리 장로회신학대학교와 대한예수교장로회에 속한 성경공부 전문가들의 노고를 통하여 출간되는데, 아무쪼록 이 교재를 손에 들고 진행하는 성경공부를 통하여 우리 신학도들이 언제 어디서나 성경공부를 자신 있게 이끌 수 있는 노하우를 터득할 수 있게 되기를 기대하며, 그동안 이 교재를 만들기 위해 애써 주신 여러분들께 진심으로 감사를 드립니다.

2009년 8월 10일

장로회신학대학교 총장(서리) 장 영 일

머리말

본 성경공부 교재는 이론과 실천이 조화된 교육을 추구하고, 무엇보다 교회의 교역 현장에 보다 직접적인 목회실천적 효용가치가 있는 교육을 실현하기 위해 본 대학교 안에 구성된 교육과정개발위원회의 성경교육개발단에서 개발하는 성경공부 교재 시리즈 가운데 하나이다. 본교는 이미 구약성경공부 교재로서 『창세기』(2008, 2), 『여호수아 · 사사기』(2008, 8), 『이사야』(2009, 2)를, 그리고 신약성경공부 교재로서 『마가복음』(2008, 2), 『사도행전』(2008, 8), 『로마서』(2009, 2)를 발간한 바 있으며, 이번에 발간되는 『신약성경공부 교재 19. 히브리서』는 신약성경공부 교재로서는 네 번째로 발간되는 교재이다.

이 교재는 세 분의 저자들에 의해 집필되었다. 본교의 신약학 교수님이신 소기천 교수님 본교의 기독교교육 교수님이신 고원석 교수님, 본교의 객원교수님이신 이연길 목사님이 이 교재의 공동저자이다. 이 세 분의 크신 노고에 깊은 감사의 마음을 전한다.

히브리서는 '서신' 일 뿐만 아니라 하나의 '신학논문' 이며 또한 '설교' 형태의 권면의 글이다. 본 히브리서 성경공부 교재는 본교의 다른 성경공부 교재 시리즈 교재들과 마찬가지로 인도자용과 학습자용 두 권으로 이루어져 있다. 본 교재의 구조는 다음과 같다. 1. 본문으로 들어가면서(10분: 대그룹으로), 2. 본문 읽기(10분: 소그룹으로), 3. 본문 이해하기(40분: 소그룹으로), 4. 본문으로 세상 읽기(15분: 소그룹으로), 5. 삶으로 엮어내기(15분: 소그룹으로), 6. 소그룹 마무리, 7. 마무리하기(40분: 대그룹으로). 본 교재의 특징은 성서본문에 대한 이해와 삶으로의 적용이 잘 조화를 이루고 있다는 점에 있다.

본인은 이 『신약성경공부 교재 19. 히브리서』가 신학교에서 공부하는 신학도들로 하여금 교회의 목회실천 현장에서 보다 효율적으로 성경말씀을 가르치는 사역자로 자신을 준비하는 데 크게 도움을 주는 성경공부 수업의 교재로 유용하게 사용될 뿐만 아니라, 나아가서 한국 교회의 목회자들과 평신도들을 위한 교회현장에서의 성경공부 교재로 널리 사용됨으로써 한국 교회의 성경말씀 연구와 교육을 위해서 크게 기여할 수 있게 되기를 기대한다.

2009년 8월 10일

제4기 교육과정개발위원회 위원장 윤 철 호

목차

과목소개

(1) 신약성경공부 과목 개설 과정과 목적

장로회신학대학교 신학대학원 교육과정개발위원회에서는 신학대학원을 졸업한 사람들이 교역 현장에서 성경공부를 잘 이끌 수 있도록 훈련하기 위해 2008학년도부터 매 학기마다 신약학 분야와 구약학 분야에 각각 한 과목씩 성경공부 과목을 개설하기로 했습니다.

신약학의 경우에는 다음 도표와 같이 여섯 학기의 3년을 한 주기로 하여, 신약성경 27권을 다 다루려면 9년이 걸리도록 계획했습니다.

구분	주기별배정[1]			장수 합계
	제1주기	제2주기	제3주기	
신약성경공부 1	2.마가복음(16)	1.마태복음(28)	3.누가복음(24)	총 68장
신약성경공부 2	5.사도행전(28)	15.디모데전서(6) 16.디모데후서(4)	11.빌립보서(4) 17.디도서(3)	총 45장
신약성경공부 3	6.로마서(16)	7.고린도전서(16)	8.고린도후서(13)	총 45장
신약성경공부 4	19.히브리서(13)	10.에베소서(6) 12.골로새서(4)	13.데살로니가전(5) 14.데살로니가후서(3)	총 24장
신약성경공부 5	9.갈라디아서(6)	20.야고보서(5) 26.유다서(1) 18.빌레몬서(1)	21.베드로전서(5) 22.베드로후서(3)	총 28장
신약성경공부 6	4.요한복음(21)	23.요한1서(5) 24.요한2서(1) 25. 요한3서(1)	27.요한계시록(22)	총 50장

(2) 신약성경공부교재개발단의 구성과 운영

첫 1년 동안에는 신약학전임교수 한 사람과 현장목회자로서 이 일을 위해 특별히 초빙된 객원교수 한 사람 이상을 포함한 세 사람으로 이루어진 신약성경공부교재개발단이 1년에 걸쳐 한 주기의 한 공부교재를 개발하는데, 전반기에 마련한 교재를 가지고 후반기에 성경수업을 진행하는 것이었습니다.

한두 사람이 너무 오래 교재 개발에 매달리지 않도록 1년을 주기로 개발위원을 바꾸어 운영합니다. 이를테면 2007년 3월부터 시작한 첫 개발단(제1기 개발단)은 2008년 1

1) 책이름 앞의 숫자는 신약성경에 있는 각 책의 일련번호임.

학기에 쓸 교재의 초고를 1학기에 만들어 2학기에 그 초고를 다듬기만 하고, 2008년 2학기에 쓸 교재의 초고는 다른 개발단(제2기 개발단)이 2007년 2학기에 만들어 2008년 1학기에 그 초고를 다듬습니다. 이런 식으로 학기마다 두 개발단이 동시에 연구하는 방식으로 할 수 있습니다. 제1-4기 개발단의 과제와 개발일정을 표로 그려 보면 다음과 같습니다.

	과제	초고 작성	수정 보완
제1기 개발단	2008년 1학기 교재개발	2007년 1학기	2007년 2학기
제2기 개발단	2008년 2학기 교재개발	2007년 2학기	2008년 1학기
제3기 개발단	2009년 1학기 교재개발	2008년 1학기	2008년 2학기
제4기 개발단	2009년 2학기 교재개발	2008년 2학기	2009년 1학기

다만 교재 개발의 통일성과 연속성을 고려하여 전기 개발단의 신약학 전임교수와 목회자 가운데서 초빙한 객원교수 한 사람은 바로 그 다음 개발단의 자문위원이 됩니다.

일러두기

1. 제1과에 나오는 "교재와 수업에 관한 안내" 부분을 필히 숙지한 뒤 시작하시기 바랍니다. 또한 학습자들에게도 미리 그렇게 말씀하시기 바랍니다.

2. 이 성경공부교재는 공부에 참여하는 학습자가 스스로 답을 찾는 방식을 취하고 있습니다. 따라서 한 가지 정답이 아닌 다양한 답이 나올 수가 있습니다. 인도자용 교재에 제시된 답은 모범적인 답안의 한 예를 제시한 것뿐이라는 점을 염두에 두시기 바랍니다. 물론 학습자나 인도자가 질문의 의도를 잘 이해하지 못하거나 잘못 생각해서 전혀 엉뚱한 답을 말할 수 있는 위험성을 피할 수 있게 하는 기능을 하는 것은 사실입니다.

3. 또한 "본문으로 세상 읽기"와 같은 부분은 주관적인 문제이기에 모범답안도 제시하지 않았다는 점을 유념하시기 바랍니다.

4. 인도자용 교재에서 답이 시작되는 부분에는 열쇠표시가 나옵니다. 학습자용 교재에는 물론 답이 제시되지 않습니다.

5. 세 분의 저자가 이 교재를 집필했기에 과에 따라서는 약간씩 다른 부분이 있습니다. 한 예로 참고자료가 나오지 않는 과도 있습니다.

6. 공부하다가 떠오르는 생각이나 질문에 대한 답을 적는 데 편리하도록 질문의 아랫부분을 만들었습니다. 공부하면서 얻은 자료는 별도의 자료집을 만들어 보관하시면 나중에 효과적으로 활용할 수 있을 것입니다.

7. 제시된 공부시간은 상황에 따라 조절할 수 있습니다.

8. 성경공부는 조원들이 서로 얼굴을 맞대고 할 수 있도록 책상과 의자를 배치하여 주시기 바랍니다. 성경공부를 하면서 조원들끼리 친해지고 공동체 의식과 협동심을 갖게 되는 것도 잠재적인 교육의 목표라는 점을 유념해 주시기 바랍니다.

9. 성경은 개역개정판을 사용하였기 때문에, 가급적이면 수업시간에 이 성경을 가지고 들어오도록 지도해 주시기 바랍니다. 2003년 10월 25일에 출판된 3판 이후의 개역개정판을 사용하시기 바랍니다.

10. 참고자료들은 인도자용 교재와 학생용 교재에 수록되어 있지 않습니다. 따라서 학습준비를 하다가 이 부분을 학습자들에게 자료로 주는 것이 필요하다고 판단할 경우에는 복사해서 나눠 주시기 바랍니다.

예수 그리스도: 성소피아교회의 모자이크 (사진제공: 소기천 교수)

제1과

히브리서 성경공부 들어가기

히브리서 12장 2절

믿음의 창시자이시며 온전한 분이신 예수를 바라봅시다.

(사역 소기천 교수)

제1과 히브리서 성경공부 들어가기

I. 히브리서 성경공부 교재와 수업에 관한 안내

1. 교재에 관하여

이 교재는 장로회신학대학교 히브리서 성경공부 교재개발단(소기천, 고원석, 이연길)에서 집필한 교재입니다. 2009년 1학기 신대원의 시범과목의 교재로 사용하면서 그 내용을 수정하고 보완하였으며, 2009년 2학기부터 장로회신학대학교 신대원 신약성경학 교재로 사용합니다. 이 교재의 1-5과는 소기천 교수가, 6-9과는 고원석 교수가, 10-12과는 이연길 교수가 집필하였습니다.

1) 교재의 쓰임: "성경공부 교재"

이 교재는 히브리서를 한 학기 수업일정에 맞추어 공부할 수 있도록 짜인 교재로, 전체 12과로 이루어져 있습니다. 그 중 첫 과는 교재에 관한 소개 및 히브리서 입문의 성격을 띠고 있습니다.

2) 교재의 목적: "하나님의 말씀과 인격적으로 만남"

이 교재는 성경을 신학적이고 객관적으로 탐구하는 것에 일차적 목적이 있는 것이 아니라, 성경을 공부하면서 하나님의 말씀과 인격적으로 만나고, 이를 바탕으로 자신과 교회와 세상을 새롭게 이해하고, 말씀을 실천에 옮길 수 있도록 삶이 변화되도록 돕는 것에 목적이 있습니다.

3) 교재의 성격: "학습자 중심의 성경공부 교재"

이 교재는 학습자에게 히브리서에 관한 지식을 전달하는 것에 초점이 놓여 있는 성경공부교재가 아닙니다. 이 교재는 학습자가 소그룹에서 다른 조원들과 함께 히브리서를 읽고, 탐구하고, 발견하고, 나눌 수 있도록 도움을 주는 "학습자 중심의 성경공부" 교재입니다. 따라서 이 교재는 학습자가 스스로 성경을 공부하는 데 보조적인 도움을 주는 교재입니다.

4) 교재의 범위: "한 과에 하나의 이야기를 깊이 있게 탐구"

본 교재는 말씀을 깊이 탐구하고 말씀과의 인격적 만남을 목표로 하기 때문에, 한 학기 안에 히브리서 전체를 처음부터 끝까지 빠짐없이 공부하는 것을 목표로 하지는 않습니다. 한 주에 하나의 이야기를 중심으로 공부하고 깊이 있게 탐구합니다. 그래서 본서는 히브리서에서 선택된 11개의 이야기와 본문으로 이루어져 있습니다.

2. 수업에 관하여

1) 수업 진행의 기본적 틀

수업의 진행은 교재의 틀을 기본적으로 따릅니다. 교재는 크게 여섯 부분으로 나뉘어 있고 그것은 다음과 같습니다.

1. 본문으로 들어가면서

이 부분은 본문이 속한 장의 짜임새와 전후 관계를 살피는 것으로 시작됩니다. 학생들은 먼저, 전 시간에 제시된 숙제를 바탕으로 장의 짜임새와 흐름을 서로 나누고, 인도자가 장의 짜임새와 본문의 전후 관계, 본문과의 관련성 등에 관하여 간략히 설명해 줍니다.

2. 본문 읽기

1) 읽기

이 단계에서 참가자들은 본문을 반복하여 여러 번 읽고, 본문의 내용을 파

악합니다.

2) 그리기

본문의 사건으로 더 깊이 들어가기 위해 이 단계에서는 본문의 사건이나 내용을 상상하며 본문의 내용을 재현해 봅니다.

3. 본문 이해하기

1) 문단 나누기

본문의 흐름이나 짜임새에 관하여 의견을 교환하며, 해당본문의 문단을 나누어 봅니다. 필요시 중심 낱말이나 중심인물 등을 찾아봅니다.

2) 소 단락 읽고 이해하기

나누어진 소 단락의 내용을 파악하고, 소 단락 간의 관계와 전체와의 관계를 살핍니다. 본문을 세부적인 깊이까지 이해하기 위하여 제시된 질문에 답하면서 본문 이해를 시도합니다. 마지막에 본문에 나타난 메시지를 찾는 것으로 [소 단락 읽고 이해하기]를 마무리합니다.

3) 본문과 관련된 다른 성경구절과의 관계 고찰하기

본문과 관련된 다른 성경의 구절들을 살펴봄으로써 그 개념이나 낱말의 의미를 심화합니다.

4. 본문으로 세상 읽기

1) 본문으로 나 읽기

본문에 비추어 본 '나'의 문제들을 해석하거나 반성해 봅니다.

2) 본문으로 교회 읽기

본문에 비추어 오늘날 우리의 '교회'를 해석하거나 반성해 봅니다.

5. 삶으로 엮어 내기

1) '나'의 삶에 적용하고 실천할 수 있는 방안 모색하기

위에 살펴본 본문으로 '나 읽기'를 바탕으로 본문을 '나'의 삶에 구체적으로 적용하고 실천할 수 있는 방안을 모색해 봅니다. 때때로 한 주간 자신이 할 행동을 결심해 봅니다.

2) '교회' 삶에 적용하고 실천할 수 있는 방안 모색하기

위에 살펴본 본문으로 '교회 읽기'를 바탕으로 '교회'가 해야 할 실천방안을 모색해 봅니다.

6. 소그룹 마무리

* 마무리하기는 소그룹 마무리하기와 대그룹으로 만나 마무리하기의 두 부분으로 이루어집니다.

* 참여자들은 인도자에 대한 평가서를 작성하여 인도자에게 줍니다. 그날 소그룹활동에 대한 평가와 소감을 나눕니다.

7. 마무리하기

* 첫째, 인도자가 그날 성경공부를 전체적으로 정리해 줍니다. 이 때 조별로 해결하지 못한 사항을 질문하고 답변할 수 있습니다.
* 둘째, 그날 성경공부를 인도한 인도자가 소감을 발표하고, 그룹원들의 평가를 들어 봅니다.
* 셋째, 다음 수업을 위한 본문을 예시하고 숙제를 제시합니다.
* 넷째, 기도로 마무리합니다.

2) 수업시간 배정

수업은 45분짜리 세 시간(135분) 동안 지속되고, 세부적 시간 배당은 대략 다음과 같습니다.

① 본문으로 들어가면서 - 10분

↓

② 본문 읽기 - 10분

↓

③ 본문 이해하기 - 40분

↓

④ 본문으로 세상 읽기 - 15분

↓

⑤ 삶으로 엮어 내기 - 15분

↓

⑥ 마무리하기 - 40분

3) 수업진행

* 수업은 대그룹에서 시작하여 소그룹으로 나누어지고, 다시 대그룹으로 모여서 활동한 후 끝나는 것으로 진행됩니다.
* 전체 인원 30명을 5명씩 6조로 나누어 소그룹을 구성합니다.
* 조는 한 학기에 두 번 편성되고, 조장은 돌아가면서 합니다. 모든 학습자는 한 학기에 두 번 인도자의 역할을 수행하게 됩니다.
* 조장은 돌아가면서 소그룹을 인도하고, 인도자로서의 준비를 해 옵니다.
* 매 수업 마지막에 그날의 성경공부에 대한 평가와 인도자의 인도에 대한 평가를 나눕니다.

4) 숙제

* 학습자들은 매주 다음 시간의 본문이 들어 있는 장 읽어 오기와 그 장의 짜임새, 흐름, 전후관계 등을 A4 용지 한 장 정도로 정리해 오는 숙제를 받고, 이를 수업 시간에 나눕니다.
* 학습자들은 교재에서 다루지 않은 부분을 선택해서 직접 성경공부 교안을 써 보되, 성경공부가 진행되는 기간 동안 최소한 세 번은 반드시 과제로 합니다.

5) 토론과 보고 시에 주의할 점들

* 한 사람이 너무 길게 발표하여 다른 사람들과 토론이 방해되지 않도록 주의합시다.
* 한 사람이 너무 자주 발표하여 여러 사람이 토론에 참여하는 것에 방해가 되지 않도록 주의합시다.

* 다른 사람이 발표할 때에는 집중하여 듣도록 합시다.
* 보고는 간단하게 핵심을 정리하여 보고합시다.

6) 해당 사이트

* 예수말씀연구소(http://jesussayings.net/)의 성경자료 신약성경 신약클래스의 '히브리서 성경공부' 에서 모든 자료와 과제를 공유하며, 지도교수 및 조교와 긴밀하게 연락을 주고받습니다.

II. 히브리서 성경공부를 위한 길잡이

성경은 어느 책이든지 기록할 당시의 상황이 있습니다. 그 상황에 있는 성도들에게 저자는 꼭 하고 싶은 말이 있었기에 서신을 쓴 것입니다. 그러나 그 상황은 서신 표면에 나타나 있지 않고 본문의 내용 속에 감춰져 있습니다. 그러므로 성경을 읽을 때는 세 가지를 전제하고 읽어야 합니다. 첫째는 저자가 무엇을 생각하며 기록하였는가? 둘째는 독자의 상황이 무엇이었는가? 셋째는 그 책에 중심 내용이 무엇인가? 하는 점입니다.

1. 히브리서의 주제

히브리서를 바치고 있는 두 기둥이 있습니다. 하나는 3장 1절입니다.

"그러므로 함께 하늘의 부르심을 받은 거룩한 형제들아, 우리가 믿는 도리의 사도이시며 대제사장이신 예수를 깊이 생각하라."

또 하나의 기둥은 11장 1절입니다.

"믿음은 바라는 것들의 실상이요, 보이지 않는 것들의 증거니라."

히브리서의 핵심적 내용은 '예수 그리스도를 굳게 붙들고 믿음에 굳게 서서 살아가라' 는 내용입니다. 그렇게 살도록 하기 위하여 믿음의 창시자시요 완성자이신(12:2) 예수 그리스도를 설명합니다. 그래서 히브리서 3장 1절이 이론적 부분에 해당하는 전반부의 기둥이 됩니다. 후반부에서는 그런 예수 그리스도를 붙들고 흔들리지 않고 믿음으로 살아가도록 권고하는 내용이기에 그 내용을 집약적으로 보여 주는 곳이 11장 1절입니다. 그리고 결론에 이르러 다시 "예수 그리스도는 어제나 오늘이나 영원토록 동일하시니라(13:8)" 고 확인시켜 줍니다. 물론 전반부 내용에서 예수 그리스도를 설명하면서도, 이론적인 설명 끝에는 권고를 잊지 않고 있습니다.

2. 성경공부에서 고려되어야 할 히브리서의 상황

히브리서 독자들이 어떤 상황에 있었기에 저자는 '예수 그리스도' 를 강조하고, '믿음' 을 강조하는 것일까요? 몇 가지 상황을 생각할 수 있습니다.

첫째, 당시 교회의 신앙이 해이해져서 불신(不信)과 배교(背敎)의 가능성이 있었고, 그 결과 집회의 열심을 잃어 가고 있었습니다(2:1; 3:12; 3:19; 10:25). "흘러 떠내려가지 않도록 함이 마땅하니라(2:1)" 에서 '흘러 떠내려간다' 라는 동사는 '물그릇의 밑바닥이 깨어져 금이 갔기 때문에 그 물이 다 없어진다' 는 의미입니다. 이 말씀은 배교, 곧 신앙을 떠나는 배신을 의미하는 강한 표현입니다.

둘째, 시대적으로 그리스도인들과 유대인들과의 갈등이 고조되어 가고 있었고, 많은 신자들이 유대교의 교리나 제의에 더 매력을 느끼고 있었던 것으로 보입니다. 다른 한편으론 영지주의(Gnosticism)의 위험이 심각했습니다. 초기 그리스도교는 유대인들과 함께 회당도 사용하고 큰 갈등 없이 지내다가, 1세기 후반에 이르러서 본격적인 갈등이 시작되고 그리스도교가 유대교에서 완전히 분리되는 시기였습니다. 히브리서는 유대인과 그리스도인들 간에 갈등을 보여 주고 있습니다. 예수님과 모세, 그리고 예수님을 대제사장으로 강조하는 이유가 바로 여기에 있습니다.

셋째, 당시 교회의 상황은 박해와도 관련되어 있습니다. 당시 교인들은 이미 박해를 경험했었고(10:32), 또 박해가 오고 있었던 상황이었습니다(12:4).

이런 상황에서 히브리서의 저자는 당시 그리스도인들에게 믿는 도리를 굳게 잡고 신앙에서 떠나가거나 유대교로 돌아가거나 다른 이단에 빠지지 않도록 권고하고 있습니다.

이런 큰 맥락을 기억하면서 히브리서를 공부하면 좋을 것입니다.

III. 히브리서를 소개합니다

학자들이 히브리서에서 '서신' 이외에 다른 특징들을 발견하는데, 그것은 바로 히브리서가 하나의 '신학논문' 이며 '설교'라는 사실입니다. 최근의 연구경향에 의하면, 히브리서는 설교형태를 갖는 '권고의 글' 로 이해되고 있습니다.

히브리서 13장과의 연관성 속에서 1장을 연구하는 것이 중요합니다. 13장을 어떻게 이해하고 연구하느냐에 따라서 1장의 석의와 관점도 달라질 수 있기 때문입니다. 물론 히브리서를 전통적으로 서신으로 이해하는 근거는 13장 22-25절에 나타나 있습니다.

히브리서를 읽어 나가다 보면, 우리는 특징적인 것들을 본문에서 느낄 수 있습니다.

첫째, 히브리서 저자의 빈번한 구약인용입니다.

둘째, 수준 높고 고급스러운 헬라어 문체입니다.

구약인용과 고급스러운 헬라어는 저자에 의해서 주의 깊게 구성되어 있습니다. 당시의 다양한 수사학을 통해 예수 그리스도를 인상 깊게 소개하고 있습니다.

학자들은 히브리서의 장르 규정을 위해서 몇 가지의 접근방법을 제시하였습니다.

첫째, 히브리서가 매우 논쟁적인 성격을 시사하고, 매우 고급스러운 헬라어 문장을 사용하며, 제의에 지속적인 관심을 보이면서 논증해 나가기 때문에, 하나의 '신학논문' 으로 규정될 수 있습니다.

둘째, 히브리서가 신약성경에서 '서신' 으로 알려져 있습니다. 왜냐하면 히브리서 13장 22-25절에 서신의 성격을 갖춘 형태가 나오기 때문입니다.

셋째, 히브리서는 논증적인 성격을 띤 하나의 '설교' 로 이해됩니다. 왜냐하면 히브리서의 저자는 강한 설교적 어조를 지니면서 설득해 가고 있기 때문입니다. 13장에서는 결단을 촉구하고 있습니다.

마지막으로, 히브리서를 '권고의 글'로 보는 방법이 있습니다. 이것은 13장 22절에 등장하는 '권고'라는 말이 '격려의 말' 혹은 '훈계의 말'로 고려될 수 있기 때문입니다. 히브리서에서 논증과 권고의 형태가 번갈아 가면서 지속적으로 등장하고 있습니다. 히브리서에 나타난 권고는 수사학적 조직이 탁월한 것인데 논증(해석)과 권고가 시종일관 교대로 나옵니다. 해석과 권면은 서로 밀접하게 연결되어 있으면서 모든 점에서 독자에게 마음의 동의와 의지의 참여를 요구합니다.

1. 누가 히브리서를 기록했는가?

멜기세덱에 관해 언급한 것과 유사하게, 히브리서의 저자는 '아버지도, 어머니도, 족보도 없는' 것처럼 보입니다. 즉 히브리서의 저자를 찾는 일은 쉽지 않다는 의미입니다. 수많은 사람들이 수많은 후보들을 제시하였습니다. 2세기 말경에 알렉산드리아의 클레멘트에 의해 히브리서가 바울에 의해 기록되었다고 주장된 이후, 전통적으로 히브리서의 저자는 바울이라 알려져 있습니다. 물론 바울과 히브리서 저자 사이에는 많은 유사점이 있어 보입니다. 예를 들어, 율법에 대한 부정적인 견해(갈 2:16-21; 히 7:12, 16, 18; 롬 4:14-15), 그리스도의 신적인 영광을 표현하는 방법(골 1:15-17; 히 1:2-3), 그리고 히브리서의 마지막 부분에서 전형적으로 바울이 그의 서신서를 마치는 인사(히 13:25; 살전 5:28; 딛 3:15) 등입니다.

그러나 이러한 유사점보다는 상이점이 더욱 많이 있는 것 같습니다. 바울 서신들의 특징 중의 하나인 사도의 권위를 논증하는 부분이 히브리서에는 전혀 나타나 있지 않으며, 바울 서신에는 '제사장,' '대제사장,' 혹은 '제사장 직분' 등과 같은 용어는 사용되지 않으나 히브리서에는 이러한 용어가 가장 중심적이 단어들로 사용되고 있습니다.

종교개혁 시대에 이르러 바울의 저작권이 문제시되기 시작합니다. 루터는 히브리서의 저자가 알렉산드리아 계통의 사고 유형을 근거로 아볼로라고 주장하였습니다. 다시 말해서 유대인 출신이면서도 알렉산드리아와 같은 헬라적 대도시에서 교육을 받았으며 구약에 대해서는 심오한 지식을 갖고 있으며 훌륭한 설교자이며 바울적인 그리스도인인 아볼로가 히브리서의 저자로 등장한 것은 전혀 이상할 것이 없습니다. 그러나 이러한 특징은 그 당시의 다른 저자들에게서도 발견될 수 있는 특징들이기에 단순히 아볼로만 그러한 자격을 가졌다고 말하기는 성급한 판단일 것입니다. 한편 칼빈은 누가나 로마의 클레멘트가 저자일지 모른다고 생각했습니다.

이상의 후보 외에도 바울의 동반자였던 실라, 혹은 베드로의 동역자, 예수님의 형제 유다, 혹은 일곱 집사 중의 하나인 빌립, 혹은 아굴라의 아내인 브리스길라 등의 이름도 거론되곤 합니다. 그러나 우리는 확정적으로 누가 히브리서의 저자인지 말할 수는 없을 것입니다.

지금까지의 연구와 견해들은 오리겐이 말한 것처럼, "본서를 실제로 누가 썼는가 하는 것에 대해서는 하나님만이 진상을 아신다."라는 고백의 한계를 넘어가지 못하고 있습니다.

저자가 누구이든 그는 헬라 그리스도인이 아닌 엄격한 유대교적인 훈련을 받았고 그 안에서 자랐으며 권위를 가진 유대인 그리스도인이었습니다. 그는 유대교에 정통하였을 뿐만 아니라 미드라쉬 주석, 화려하고 아름다운 수사적 표현들과 어휘들을 자유롭게 활용하고 있습니다. 우리는 저자의 헬라어 실력과 그리스 헬라 사상적인 탁월함을 엿볼 수 있습니다. 따라서 저자는 헬라의 사상과 문화에 관하여 정통한 유대 그리스도인으로서 헬라화된 사회에서 유대교적이며 헬라적이며 마지막으로 그리스도교적인 기여를 하고 있습니다. 히브리서 저자가 헬라화된 유대인 그리스도인이라면, 그의 논증들은 자신과 같은 헬라화된 유대인 그리스도 공동체를 향해서 쓰고 있다는 점이 전제되어야 할 것입니다.

2. 언제 기록하였는가?

외적 증거로서 히브리서가 쓰인 시기는 박해시대로 추정됩니다. 그렇다면 이러한 배경이 되는 시기는 유대교가 자신의 정경을 확정하고, 그리스도인을 유대교 회당에서 축출하고, 확실한 경계선을 구축한 얌니아 회의 이후라고 가정해 볼 수 있습니다. 여기서 우리는 박해시대, 곧 유대교와 그리스도교의 분리시대라는 점을 감안하면 주후 70년 이후에서 100년경 안팎에 히브리서가 쓰였을 것으로 보입니다. 그리고 여러 가지 역사적인 측면을 고려하면 주후 96년 이전에 쓰인 것이 확실시 됩니다. 로마의 감독인 클레멘트가 96년에 로마교회의 이름으로 고린도에 편지를 보내면서 히브리서를 인용하고 있기 때문입니다.

내적증거로서 히브리서의 저자와 수신자들이 모두 2세대임을 짐작하게 하는 구절(2:3), 수신자들이 경험한 박해(10:32; 12:4) 등은 히브리서의 기록연대를 1세기 후반으로 근접하게 상정할 수 있게 합니다. 기록의 시기에 있어 우리가 염두에 두어야 할 것은 히브리서에 수신 공동체의 신앙적 흔들림과 유대교에 대한 매료라는 내적인 문제와 아울러 외부의 위협적인 분위기가 만연되어 있었다는 사실입니다.

3. 어디서 기록하였는가?

히브리서를 기록한 장소로는 예루살렘, 로마, 알렉산드리아, 에베소 등의 장소가 지목되긴 하지만 모두 추측에 지나지 않습니다. 본서가 유대교의 제사와 제사장 제도에 대한 기초를 두고 있기 때문에, 팔레스타인이나 예루살렘이 유력한 후보로 지목되었습니다. 그러나 저자의 지식이 70인역을 통한 구약성경에 기초한 것이기 때문에, 이 제안도 설득력을 잃었습니다.

히브리서의 사상 배경이 알렉산드리아의 헬라철학이라는 점과 70인역이라는 헬라어로 번역된 구약성경을 사용하는 것으로 보아 알렉산드리아가 본서의 기록 장소가 아니냐는 가능성도 짐작할 수 있습니다.

그러나 로마의 클레멘트 교부는 히브리서 본문을 알고 인용했습니다. 그것이 히브리서가 쓰인 직후 몇 년 사이라면, 그 공동체는 당연히 로마에 있을 수 있습니다. 이 주장은 히브리서 13장 24절에 '이달리야에서 온 자들' 이라는 인사말에 의해 뒷받침될 수 있습니다.

이 같은 사실들을 미루어 볼 때, 히브리서가 기록된 장소도 간단하게 단정을 짓기 어렵습니다.

4. 왜 기록하였는가?

히브리서의 내용은 그리스도교 신앙고백의 핵심적인 내용에 관한 광범위한 진술에 근거를 두는데, 저자는 신앙이 나태해지기 시작하며 천사숭배의 모습들이 있고 또한 그리스도 안에서 받는 구원에서 등을 돌릴 위험에 처해 있는 교회를 고려하며 이 글을 썼습니다(2:1, 3; 5:11-12; 10:25-35; 12:4, 12, 13; 13:17).

저자는 또한 구약 성경에 나오는 하나님의 백성의 역사를 큰 틀로 개관하면서 독자들에게 이 신앙의 증인들을 훌륭한 모범으로 제시합니다(11장). 그러나 그러한 신앙의 증인들은 희망의 근거로서 단지 하나님의 약속의 말씀을 가지고 있었던 반면에, 새 언약의 백성은 '믿음의 주요 온전케 하시는 이' (믿음의 창시자요 완성자)이신 예수님을 바라봄(12:2)으로써 예수님은 이미 목표에 도달하셨으므로 그의 뒤를 따르는 사람들에게 이 목표에 도달할 수 있음을 보여 줍니다. 저자에 의하면, 그리스도인들은 낯선 세상에 길을 잃은 채 버려진 것이 아니라 그리스도를 통해서 은혜의 보좌로 나아가는 길이 있다는 것을 보여 줌으로써 히브리서를 쓴 목적을 제시해 줍니다.

5. 무엇을 기록하였는가?

히브리서에는 다음과 같은 내용들이 기록되어 있습니다.

1) 확실한 하나님의 말씀

히브리서는 하나님의 말씀이 모든 그리스도인의 삶에서 가장 중요한 위치를 차지한다고 말하고 있습니다. 히브리서의 시작이 그러합니다. 옛적에 선지자들을 통하여 여러 부분과 여러 모양으로 우리 조상들에게 말씀하신 하나님(1:1)에 관한 언급으로 시작합니다. 히브리서의 저자는 하나님의 말씀의 기초 위에서 정당성을 확보 받아 서신을 진행시킵니다. 이 말씀의 가장 확실한 계시는 바로 인간의 모양으로 나타나신 예수 그리스도이십니다. 그분의 메시지가 가장 최종적이며 탁월한 것입니다. 히브리서의 수신자들은 이에 대하여 의구심과 여러 문화 속에서 혼돈을 겪었지만, 히브리서의 저자는 확실히 예수님께서 하나님의 말씀의 계시이며 성취자이심을 보여 주려고 합니다.

2) 흔들리는 수신자들

히브리서의 수신자들은 자신의 죄를 회개하고 믿음을 가졌던 첫 회심자들 중 상당수가 혈통상 유대인들이었습니다. 그들은 계속해서 유대교적인 선입관들 때문에 고통당해 왔습니다. 이러한 상황에서 수신자들은 1,000여 년 동안 자기 조상들이 숭상하던 것들을 '버리라'는 요청을 받았습니다. 또한 유대교에서는 이들을 향해 율법을 범하는 범법자라고 지목되어 핍박받았습니다. 이것은 아주 어렵고 예민한 사안이었습니다. 따라서 이러한 이중고를 겪고 있는 수신자들에게 저자는 그리스도교의 신앙에서 흔들리지 말고 믿음 위에 굳게 서야 하는 정당한 이유와 근거를 제시해야만 했습니다. 그 믿음의 절정은 11장입니다.

3) 그리스도의 사역을 통한 변증

대제사장이신 그리스도-서신의 중심부분에서 히브리서는 대조적인 장면들을 보여줌으로써 그리스도의 사역을 확실히 보여 주고 있습니다. 구약의 제사 제도는 일시적인 것입니다. 구약의 제사장들은 자신들도 연약하여 죄에 노출되어 있었습니다. 그러나 이러한 연약한 인간적 한계를 넘어 하나님의 아들이신 그리스도는 멜기세덱의 서열을 따르는 영원한 대제사장으로서 "영원히 변치 않는 제사 직분을 갖고 계십니다"(7:24).

유일한 구속의 제물이신 그리스도의 사역-구약의 제사 제도는 계속적인 반복이 핵심적인 양상이었던 반면, 그리스도의 제사는 자신을 드려 단번에 영원까지 드려지는 구속의 제물입니다. 따라서 그리스도의 제사는 우리의 죄를 제거해 줍니다(9:26; 10:11-12).

하나님의 말씀을 전하는 계시자-이 서신에는 계시와 구속이라는 주제들이 계속 나타나고, 인간은 무지함을 대비하여 보여 줍니다. 따라서 인간은 성경에 나타난 하나님의 말씀을 필요로 합니다. 따라서 하나님의 말씀이 우리에게 주어져야 하는데, 우리가 가장 깊이 이해할 수 있는 방법이 바로 하나님께서 오시는 것이고, 이는 아들 예수 그리스도를 통해 이루어졌습니다(1:2-3). 또한 그분은 하나님의 뜻을 이루기 위해 오셨습니다(10:5-7).

우리를 공감하시는 그리스도의 사역 - 그리스도는 하나님이시며 인간이시기에 우리의 모든 것들을 함께 경험하실 수 있었습니다. 그리스도는 순종을 배우셨습니다(2:10; 5:8). 심한 통곡과 눈물로 기도하셨으며 자신의 희생을 인식하고 계셨습니다(5:7; 9:14). 또한 고난을 받으시고 죽으셨습니다. 그렇기 때문에 그리스도는 우리를 위해 중보하실 수 있습니다(7:25).

구원을 이루시는 그리스도의 사역 - 그리스도는 자기를 바라는 자들에게 구원을 주기 위해 다시 오실 것입니다(9:28). 그분이 십자가에서 성취하신 것은 완전한 한 번의 대속, 영원까지의 효력, 그를 믿고 순종하며 끝까지 견고하게 잡는 자(3:6, 14)에게 미치는 영원한 효력입니다.

그러므로 히브리서에서 그리스도의 사역을 통한 그리스도의 정체성과 확실한 구원의 보증은 구약을 넘나들며 매우 유기적이고 논리적으로 전개되어 흔들리는 수신자들을 견고하게 세워주고 있습니다.

6. 어떤 방식으로 기록하였는가?

히브리서는 배교의 위험 가운데 있는 그리스도인들에게 믿음 가운데 굳게 서야함을 매우 정교하고 화려한 이야기로 풀어 가고 있습니다. 저자의 주장은 섬세하고 조직적으로 표현되며 이미지가 풍성하게 잘 떠오를 수 있도록 쓰여 있습니다. 히브리서에는 신약성경 어디에서도 찾아볼 수 없는 일회적 사용 어휘(hapax legomena)가 154개나 사용되고 있는데 이것은 이 서신이 다양한 종교적, 철학적 배경을 포함하고 있다는 사실을 의미합니다.

특히 히브리서는 광범위한 구약 성경(70인역)의 사용과 그에 대한 설명을 통해 새로운 제사, 계약, 성전, 대제사장과 같은 구약의 주제들을 다루고 있습니다. 구약과 유대교 제사장 전승의 영향을 받았기 때문입니다. 이러한 구약적인 전통의 폭넓은 이해는 저자의 정교한 수사적 표현에 의해서 하나님의 아들, 그리스도에 맞추어져서 그리스도를 종말론적 대제사장으로 이해하기에 이릅니다(히 2:17).

그리고 히브리서는 대체로 다음과 같은 구조로 기록되었습니다.

히브리서의 구조

	형태	본문	내용
I	논증	1:1–3:6	**하나님의 아들, 인류의 구주:** 천사와 모세보다 뛰어나신 그리스도
	권고	3:7–4:13	**믿는 것과 순종하는 것, 하나님의 말씀이 심판함**
		확증	1:4–14 아들에 대한 성경의 증언: 천사보다 뛰어나신 아들
		권면	2:1–5 큰 구원에 관한 권면
		확증	2:5–18 아들의 복종과 영광 / 고난을 받으신 대제사장
		권면	3:1–6 아들의 충성을 본받을 것을 권면
		확증	3:7–4:11 하나님의 안식
		권면	4:12–13 하나님의 말씀 앞에서 판단받을 것을 권면
	논증	4:14–5:10	**대제사장 예수님, 주제의 첫 진술:** 자비로운 아들이신 위대한 대제사장

	형태	본문	내용	
II	권고	5:11-6:20	**그리스도인의 성숙한 모습을 권고**	
			5:11-6:10	변절을 극복할 수 있는 온전함의 길
			6:13-20	희망을 주시는 하나님의 약속
	논증	7:1-10:18	**대제사장 예수님, 주제의 발전**	
			7:1-28	멜기세덱의 서열을 따른 영원한 대제사장
			8:1-13	새 언약의 대제사장
			9:1-28	새로운(온전한) 하늘의 제사
			10:1-18	그리스도의 유일회적 희생제사
	권고	10:19-39	**그리스도에 대한 신뢰를 권고**	
			10:19-25	참 소망을 가질 것을 권면
			10:26-31	심판을 경고
			10:32-39	고난 속에 있는 신앙인을 위한 희망의 말씀
III	논증	11:1-40	**믿음의 개척자이며 완성자인 예수님:** 신앙의 선조들의 증거	
	권고	12:1-13:17	믿음으로 견딜 것과 하나님의 말씀에 대한 권고	
			12:1-29	견고한 믿음의 권고: 하늘의 시온산
			13:1-17	평화롭고 정결한 삶/하나님께서 기뻐하시는 예배
	축복과 문안	13:18-25	**기도하라**	

Ⅳ. 다음 수업 본문의 예시, 숙제 제시

1. 히브리서 성경공부 들어가기와 히브리서 1장 1-3절 내용이 어떻게 연결되는가를 연구해 봅시다. 그리고 그 내용을 기록하여 다음 시간에 제출해 주십시오.

2. 기도로 마무리합니다.

제2과

아들을 통하여 말씀하신 하나님(히 1:1-3)

히브리서 1장 2절

이 마지막 날에 아들을 통하여 우리에게 말씀하셨으니
그 분을 만유의 상속자로 세우셨고
또한 그 분을 통하여 세상을 창조하셨습니다.

(사역 소기천 교수)

제2과 아들을 통하여 말씀하신 하나님(히 1:1-3)

1. 본문으로 들어가면서(10분: 대그룹으로)

배정된 본문의 짜임새와 전후관계 살피기

1) 학생의 나눔

히브리서 성경공부 들어가기와 히브리서 1장 1-3절 내용이 어떻게 연결되는가를 연구하여 온 내용을 그룹에서 나누어 봅시다.

2) 인도자의 설명

2. 본문 읽기(10분: 소그룹으로)

1) 읽기

* 다양한 방법으로 본문을 반복하여 여러 번 읽습니다.

① 그룹원들은 눈을 감고 한 사람이 읽어 줍니다.

② 그룹원들 각자가 본문을 자세히 읽어 봅시다.

2) 그리기

* 읽고 들으면서 본문에서 새롭게 느낀 점이나 감동되는 내용을 적어 봅시다. 그리고 서로 나누어 봅시다.

3. 본문 이해하기(40분:소그룹으로)

1) 문단 나누기

* 본문의 흐름, 짜임새 등에 관하여 의견을 나누면서 문단을 나눕니다.

① 본문을 소 단락으로 나누어 보고, 제목을 붙여 봅시다.

② 소 단락의 내용을 간략하게 이야기해 봅시다.

2) 소 단락 읽고 이해하기

① 본문이 특별히 점층법의 구조로 쓰인 것을 확인해 봅시다.

② 마지막에 보내신 아들에 관한 대전제를 본문 안에서 찾아 나누어 봅시다.

③ 우리가 아들에 관해 잘못 알고 있는 것과 관련해서, 아들은 구원에 관한 어떤 부분을 설명해 주는 예이며, 아들을 통하여 하나님의 구원에 관한 어떤 진리를 우리에게 보여 주고 있다고 생각되십니까?

④ 선지자들에게 여러 부분과 여러 모양으로 나타나신 것이 우리에게 보여 주고자 하는 교훈은 무엇입니까?

⑤ 조상들에게 말씀하신 것이 무엇인가를 구약성경 어느 곳에서든지 찾아서 나누어 봅시다.

⑥ 히브리서 1장 1절의 내용을 설명해 보십시오. 이 말씀은 계시의 어떤 면을 말하는 것일까요? 그리고 2절과는 어떻게 연결되는가를 나누어 봅시다.

3) 본문과 관련된 다른 성경 구절과의 관계 고찰하기

① 창세기 32장 13-32절, 33장 10절의 내용을 본문에 비추어 생각해 봅시다. 그리고 여러분의 생각을 나누어 봅시다.

② 신명기 26장 1-11절의 내용을 본문과 연결 지어 생각해 보면서, 무엇을 느끼는지도 나누어 봅시다.

4) 본문을 재구성하기

＊ 여러분이 느낀 바를 적어 봅시다. 그리고 서로 나누어 봅시다.

4. 본문으로 세상 읽기(15분:소그룹으로)

1) 본문으로 나 읽기

① 현재 여러분에게 가장 염려되는 일을 히브리서 1장 3절의 말씀 위에 놓고 생각해 보면서 어떻게 그 문제를 해결해 나가야 하는지를 결단합시다.

② 오늘날 나의 신앙생활에 가장 약점은 어디에 있다고 생각하십니까? 이런 점을 치료하기 위해서는 어떻게 해야 할까를 결단하고 실행에 옮깁시다

2) 본문으로 교회 읽기

① 오늘 교회들이 아름다운 이름을 기업으로 얻었다면 어떻게 행해야 될까요? 왜 한국 교회가 비난을 받는 일이 일어나게 되었는지를 나누어 봅시다.

② 현대 교회가 "죄를 정결케 하시는 일을 하시고 높은 곳에 계신 위엄의 우편에 앉으신 이"를 알면서도 정작 삶 속에서 실천하고 있는 가장 큰 잘못은 무엇이라고 생각하십니까? 이런 잘못된 점을 바로 세우기 위해서는 어떤 노력이 필요하다고 생각하십니까?

5. 삶으로 엮어 내기(15분:소그룹으로)

1) '나'의 삶에 적용하고 실천할 수 있는 방안 모색하기

2) '교회'의 삶에 적용하고 실천할 수 있는 방안 모색하기

① 본문으로 교회 읽기에서 다룬 내용의 구체적인 방안을 모색하고, 가능한 것부터 실천하도록 합시다.

② 그리고 우리의 믿음을 살피면서, 그리고 결단한 내용을 실천에 옮기도록 성령의 도움을 구하면서 다 함께 기도합시다.

6. 소그룹 마무리

1) 참여자들은 인도자에 대한 평가서를 작성하여 인도자에게 줍니다.

2) 그날 소그룹활동에 대한 평가와 소감을 나눕니다.

7. 마무리하기(40분:대그룹으로)

1) 해결하지 못한 사항을 질문, 대답 시간.

2) 소그룹 공부를 통해서 결정했던 실천사항들을 대그룹에서 발표.

3) 인도자의 소감 발표, 인도자에 대한 평가를 작성하여 발표.

4) 다음 수업 본문의 예시, 숙제 제시.

＊ 히브리서 1장 4절-2장 18절을 중심으로 히브리서 1장 1-3절과 3장 1절-4장 13절의 내용이 어떻게 연결되고 있는가를 연구해 봅시다. 그리고 그 내용을 기록하여 다음 시간에 제출해 주십시오.

5) 기도로 마무리합니다.

제3과

천사보다 뛰어나신 주님(히 1:4-2:18)

히브리서 2장 9절

죽음의 고통으로 인하여 영광과 존귀로 관을 쓰신

예수를 바라봅시다.

(사역 소기천 교수)

제3과 천사보다 뛰어나신 주님(히 1:4-2:18)

1. 본문으로 들어가면서(10분: 대그룹으로)

배정된 본문의 짜임새와 전후관계 살피기

1) 학생의 나눔

히브리서 1장 4절-2장 18절을 중심으로 히브리서 1장 1-3절과 3장 1절-4장 13절의 내용이 어떻게 연결되고 있는가를 연구해 온 내용을 그룹에서 나누어 봅시다.

2) 인도자의 설명

2. 본문 읽기(10분:소그룹으로)

1) 읽기

* 다양한 방법으로 본문을 반복하여 여러 번 읽습니다.

① 히브리서 1장 4절-2장 18절을 한 사람씩 돌아가면서 읽어 봅시다.

② 각자 본문을 다시 깊이 읽어 봅시다.

2) 그리기

* 읽고 들으면서 여러분이 이해한 대로 본문의 내용을 여러분의 말로 써 봅시다. 그리고 서로 나누어 읽어 봅시다.

3. 본문 이해하기(40분:소그룹으로)

1) 문단 나누기

* 본문의 흐름, 짜임새 등에 관하여 의견을 나누면서 문단을 나눕니다.

① 본문을 소 단락으로 나누어 보고, 제목을 붙여 봅시다.

② 소 단락의 내용을 간략하게 이야기해 봅시다.

2) 소 단락 읽고 이해하기

① 1장 5-9절에서 말하는 "아들과 맏아들"은 누구를 말하는 것일까요?

② 본문 안에 나타난 천사보다 뛰어나신 분의 특징은 무엇입니까? 왜 그런 설명이 중요하다고 생각하십니까?

③ 저자는 2장 2-3절에서 큰 구원에 대하여 무엇을 설명하고 있다고 생각하십니까?

④ 2장에서 만물과 인간과 천사의 관계에 관해 무엇을 말하는 것일까요? 이러한 사실들이 그 당시 그리스도인들에게는 어떤 의미를 주며, 오늘 우리에게는 어떤 의미를 준다고 생각하십니까?

⑤ 2장 14절에 '사망의 세력을 잡은 자 곧 마귀' 는 누구입니까? 예수님께서 마귀를 멸하기 위해 하신 일들이 무엇입니까?

3) 본문과 관련된 다른 성경 구절과의 관계 고찰하기

① 시편 97편 7절과 베드로전서 3장 22절의 내용을 본문의 내용에 비춰서 생각해 봅시다.

② 시편 8편의 내용과 본문을 연결을 지어 고찰해 봅시다.

4) 본문을 재구성하기

* 이 본문을 기록하는 히브리 저자의 마음으로 그 내용을 다시 여러분의 말로 다시 편지를 써 봅시다.

4. 본문으로 세상 읽기(15분:소그룹으로)

1) 본문으로 나 읽기

① 영광과 존귀로 관을 쓰기 전에 예수님께서 고난 속에 사셨던 모습과 나의 모습을 비교해 보며 현재의 신앙생활을 반성해 봅시다.

② 예수님께서 친히 시험을 받으심으로써 시험 받는 자들을 도우신 일 중에 여러분이 가장 깊이 감화하는 것은 무엇입니까? 왜 그 일이 그처럼 중요하다고 생각하십니까?

2) 본문으로 교회 읽기

① 오늘 교회들이 가장 중요하게 생각하는 핵심가치는 무엇이라고 생각합니까? 교회의 바른 신앙의 목표는 무엇이어야 하는지도 생각해 봅시다.

② 하나님께서 '범죄하고 순종치 아니한' (히 2:2) 오늘의 교회들을 어떻게 훈련시키신다고 생각하십니까? 우리 교회들은 그런 하나님의 훈련을 어떻게 받아들여야 하는지를 나누어 보면서, 올바른 교회로 세워지기 위한 구체적인 계획들을 제시해 봅시다.

5. 삶으로 엮어 내기(15분:소그룹으로)

1) '나'의 삶에 적용하고 실천할 수 있는 방안 모색하기

2) '교회'의 삶에 적용하고 실천할 수 있는 방안 모색하기

* 위에서 토론한 내용을 실천할 수 있도록 구체적인 방안을 세웁시다.

6. 소그룹 마무리

1) 참여자들은 인도자에 대한 평가서를 작성하여 인도자에게 줍니다.

2) 그날 소그룹활동에 대한 평가와 소감을 나눕니다.

7. 마무리하기(40분:대그룹으로)

1) 해결하지 못한 사항을 질문, 대답 시간.

2) 소그룹 공부를 통해서 결정했던 실천사항들을 대그룹에서 발표.

3) 인도자의 소감 발표, 인도자에 대한 평가를 작성하여 발표.

4) 다음 수업 본문의 예시, 숙제 제시.

* 히브리서 3장 1절-4장 13절을 중심으로 히브리서 1장 4절-2장 18절과 4장 14절-6장 20절의 내용이 어떻게 연결되고 있는가를 연구해 봅시다. 그리고 그 내용을 기록하여 다음 시간에 제출해 주십시오.

5) 기도로 마무리합니다.

제4과

모세보다 뛰어나신 주님(히 3:1-4:13)

히브리서 4장 12절

하나님의 말씀은 살아 있어 활기차고, 어떤 양날 칼보다도 날카로워서
혼과 영, 관절과 골수를 관통하여 갈라놓으며,
마음에 품은 생각과 의도를 가려내기 때문입니다.

(사역 소기천 교수)

제4과 모세보다 뛰어나신 주님(히 3:1-4:13)

1. 본문으로 들어가면서(10분: 대그룹으로)

배정된 분문의 짜임새와 전후관계 살피기

1) 학생의 나눔

* 히브리서 3장 1절-4장 13절을 중심으로 히브리서 1장 5절-2장 18절과 4장 14절-6장 20절의 내용이 어떻게 연결되고 있는가를 연구해 온 내용을 나누어 봅시다.

2) 인도자의 설명

2. 본문 읽기(10분:소그룹으로)

1) 읽기

* 다양한 방법으로 본문을 반복하여 여러 번 읽습니다.

① 다 같이 히브리서 3장 1절-4장 13절의 본문을 한 절씩 돌아가면서 읽어 봅시다.

② 한 사람이 읽어 주고 그룹원들은 눈을 감고 듣도록 합니다.

2) 그리기

* 읽고 들으면서 새롭게 느낀 점이나 감동되는 내용을 적어 봅시다. 그리고 서로 나누어 읽어 봅시다.

3. 본문 이해하기(40분:소그룹으로)

1) 문단 나누기

* 본문의 흐름, 짜임새 등에 관하여 의견을 나누면서 문단을 나눕니다.

① 본문을 소 단락으로 나누어 보고, 제목을 붙여 봅시다.

② 소 단락의 내용을 간략하게 이야기해 봅시다.

2) 소 단락 읽고 이해하기

① 3-4장의 내용을 읽으면서, 히브리서 독자들이 어떤 형편에 있다고 생각되십니까? 여러분의 의견을 나누어 봅시다.

② 3장에서 '안식'은 무엇을 말하고 있습니까? 일반적으로 구약성경에서 나타나는 안식 (창 2:1-2, 출 20:8-11, 신 5:12-15)은 무엇을 의미합니까?

③ 본문에서 모세와 예수님께서 어떻게 연결되는지를 말해 보십시오.

④ 여러 번 언급되고 있는 "나의 안식에 들어오지 못하리라"(3:11, 18; 4:5)는 말씀과 "저 안식에 들어가는도다"(4:3, 11)라는 말씀은 무슨 뜻입니까? 여기서 무슨 말을 하려고 하는지를 나누어 봅시다.

⑤ 3장 15-18절의 의미는 무엇이며, 히브리 저자가 이 글을 쓸 당시에 어떤 일이 일어나고 있었다고 생각하십니까?

⑥ 4장 9-11절에서 하나님의 안식과 인간의 안식에 관한 이야기가 나오고 있습니다. 여기서 저자는 왜 이 말을 하고 있을까요?

⑦ 4장 13절까지의 내용은 무엇을 말하고 있습니까? 당시 그리스도인들에게는 어떤 의미이며, 오늘 우리들에게는 어떤 교훈을 주고 있다고 생각되십니까?

3) 본문과 관련된 다른 성경구절과의 관계 고찰하기

① 시편 95편과 본문을 연결을 지어 생각해 봅시다.

② 시편 139편의 내용을 본문과 연결 지어 생각해 보면서, 무엇을 느끼는지도 나누어 봅시다.

4) 본문을 재구성하기

＊ 본문의 내용을 여러분의 말로 간단하게 기록해 봅시다.

4. 본문으로 세상 읽기(15분:소그룹으로)

1) 본문으로 나 읽기

① 히브리어 본문에 보면, 안식에 들어가는 사람들과 들어가지 못하는 사람들이 한 교회 안에 있다는 사실을 알 수 있습니다. 여러분은 그 중에 어느 편에 있는 사람이라고 확신하십니까?

② 당신이 하나님 나라의 한 사람으로 세상에 있는데, 하나님의 나라를 위하여 모세와 같이 봉사하고 있는 일은 무엇인지를 적어 보십시오.

2) 본문으로 교회 읽기

① 교회 공동체가 건강해지려면 살아 있는 하나님의 말씀에 굳게 서서 나가야(히 4:12) 합니다. 우리 교회 안에 성도들은 삶을 통해서 얼마나 하나님의 말씀을 실천하고 있는지를 반성해 봅시다.

② 우리의 교회가 세상을 변화시키기 전에 먼저 자신이 변화되어야 할 일들이 무엇인지를 구체적으로 제시해 봅시다.

5. 삶으로 엮어 내기(15분:소그룹으로)

1) '나'의 삶에 적용하고 실천할 수 있는 방안 모색하기

2) '교회' 삶에 적용하고 실천할 수 있는 방안 모색하기

* 순종을 통해 안식에 들어가기(히 4:6) 위해 가능한 구체적인 실천방안을 세웁시다.

* 자신을 변화시키는 교회가 되기 위해 실천 가능한 구체적인 계획을 세웁시다.

6. 소그룹 마무리

1) 참여자들은 인도자에 대한 평가서를 작성하여 인도자에게 줍니다.

2) 그날 소그룹활동에 대한 평가와 소감을 나눕니다.

7. 마무리하기(40분:대그룹으로)

1) 해결하지 못한 사항을 질문, 대답 시간.

2) 소그룹 공부를 통해서 결정했던 실천사항들을 대그룹에서 발표.

3) 인도자의 소감 발표, 인도자에 대한 평가를 작성하여 발표.

4) 다음 수업 본문의 예시, 숙제 제시.

* 히브리서 4장 14절-6장 20절을 중심으로 히브리서 3장 1절-4장 13절과 7장 1-28절의 내용이 어떻게 연결되고 있는가를 연구해 봅시다. 그리고 그 내용을 기록하여 다음 시간에 제출해 주십시오.

5) 기도로 마무리합니다.

제5과

믿음으로 실천하기(히 4:14-6:20)

히브리서 6장 4-6절

한번 빛을 받고, 하늘의 선물을 맛보고, 성령의 동역자가 되고,
하나님의 선한 말씀과 다가오는 시대의 능력들을 맛보고도,
떨어진 자들은 회개로 새롭게 할 수 없습니다.
그들이 하나님의 아들을 다시 십자가에 못 박고
그 스스로 수치를 드러낸 것과 같습니다.

(사역 소기천 교수)

제5과 믿음으로 실천하기(히 4:14-6:20)

1. 본문으로 들어가면서(10분: 대그룹으로)

배정된 분문의 짜임새와 전후관계 살피기

1) 학생의 나눔

히브리서 4장 14절-6장 20절을 중심으로 히브리서 3장 1절-4장 13절과 7장 1-28절의 내용이 어떻게 연결되고 있는가를 연구해 온 내용을 나누어 봅시다.

2) 인도자의 설명

2. 본문 읽기(10분:소그룹으로)

1) 읽기

* 다양한 방법으로 본문을 반복하여 여러 번 읽습니다.

① 다 같이 히브리서 4장 14절-6장 20절의 한 절씩 돌아가면서 본문을 읽어 봅시다.

② 한 사람이 읽어 주고 그룹원들은 눈을 감고 듣도록 합니다.

2) 그리기

* 읽고 들으면서 새롭게 느낀 점이나 감동되는 내용을 적어 봅시다. 그리고 서로 나누어 읽어 봅시다.

3. 본문 이해하기(40분:소그룹으로)

1) 문단 나누기

＊ 본문의 흐름, 짜임새 등에 관하여 의견을 나누면서 문단을 나눕니다.

① 본문을 소 단락으로 나누어 보고, 제목을 붙여 봅시다.

② 소 단락의 내용을 간략하게 이야기해 봅시다.

2) 소 단락 읽고 이해하기

① 본문의 내용을 읽으면서, 히브리서의 독자들이 어떤 형편들에 있다고 생각되십니까?

② 본문에서 말하는 대제사장과 멜기세덱은 어떤 관계가 있습니까? 예수님께서 멜기세덱보다 뛰어나시다는 사실은 무엇을 의미합니까?

③ 4장 14-16절에서 말하는 내용은 무엇입니까? 이 말씀은 당시 교인들에게 무엇을 강하게 느끼도록 강조하고 있다고 생각하십니까?

④ 아론(히 5:4)과 멜기세덱(히 5:6)은 어떻게 연결되고 있습니까? 여기서 무슨 말을 하려고 하는지를 나누어 봅시다.

⑤ 5장 12-14절과 6장 1-2절에서 말하는 '말씀의 초보'와 '도의 초보'가 주는 의미는 무엇입니까? 그때 당시에 어떤 일들이 일어나고 있었다고 생각됩니까?

⑥ 6장 4-8절을 읽고 그 내용이 무엇인지 이야기해 봅시다. 여기서 왜 저자는 '타락한 자들'에 대하여 말하고 있을까요?

⑦ 6장 11-15절에서 “복 주고 복 준다”는 내용은 무엇을 말하고 있다고 생각하십니까? 당시 그리스도인들에게는 어떤 의미이며, 오늘 우리들에게는 어떤 교훈을 주고 있다고 생각되십니까?

3) 본문과 관련된 다른 성경구절과의 관계 고찰하기

① 역대상 4장 10절에 나오는 야베스의 기도와 본문을 연결을 지어 생각해 봅시다.

② 창세기 3장 18-19절, 3장 22-24절의 내용을 본문 6장 7-8절과 연결 지어 생각해 보면서, 무엇을 느끼는지도 나누어 봅시다.

4) 본문을 재구성하기

* 본문의 내용을 여러분의 말로 간단하게 기록해 봅시다.

4. 본문으로 세상 읽기(15분:소그룹으로)

1) 본문으로 나 읽기

① 6장에 보면, 도의 초보를 벗어나 성숙한 믿음을 지켜가는 자들이 있는가 하면, 다른 편에서는 세상에 심취하여 타락한 자들이 한 교회 안에 있다. 여러분은 그 중에 어느 편에 있는 사람이라고 확신하십니까?

② 영혼의 닻과 견고한 휘장(히 6:19)을 통해 구원을 받은 당신이 하나님 나라의 한 사람으로 세상에 있는데, 하나님의 나라를 위하여 봉사하고 있는 일은 무엇인지를 적어 보십시오.

2) 본문으로 교회 읽기

① 교회 공동체가 건강해지려면 앞서 가신 예수님(히 6:20)을 모시고 있어야 합니다. 우리 교회 안에서 성도들이 모범을 보이신 예수님을 얼마나 바라보고 살아가고 있는지를 반성해 봅시다.

② 우리의 교회가 과연 세상을 변화시키기 위해 '사랑으로 섬기고 있는 일들과 섬긴 일들'(히 6:10)이 무엇인지 반성해 봅시다.

5. 삶으로 엮어 내기(15분:소그룹으로)

1) '나'의 삶에 적용하고 실천할 수 있는 방안 모색하기

2) '교회' 삶에 적용하고 실천할 수 있는 방안 모색하기

① 섬김을 위해 가능한 구체적인 실천방안을 세웁시다.

② 세상을 섬기는 교회가 되도록 하는 실천 가능한 구체적인 계획을 세웁시다.

6. 소그룹 마무리

1) 참여자들은 인도자에 대한 평가서를 작성하여 인도자에게 줍니다.

2) 그날 소그룹활동에 대한 평가와 소감을 나눕니다.

7. 마무리하기(40분:대그룹으로)

1) 해결하지 못한 사항을 질문, 대답 시간.

2) 소그룹 공부를 통해서 결정했던 실천사항들을 대그룹에서 발표.

3) 인도자의 소감 발표, 인도자에 대한 평가를 작성하여 발표.

4) 다음 수업 본문의 예시, 숙제 제시.

* 히브리서 7장 1-28절을 중심으로 히브리서 4장 14절-6장 20절과 8장 1-13절 내용이 어떻게 연결되고 있는가를 연구해 봅시다. 그리고 그 내용을 기록하여 다음 시간에 제출해 주십시오.

5) 기도로 마무리합니다.

제6과

멜기세덱의 서열을 따른 대제사장(히 7:1-28)

히브리서 7장 12절

제사장직이 바뀐다면, 그 때에 율법도 반드시 변하기 때문입니다.

(사역 소기천 교수)

제6과 멜기세덱의 서열을 따른 대제사장(히 7:1-28)

1. 본문으로 들어가면서(10분: 대그룹으로)

배정된 분문의 짜임새와 전후관계 살피기

1) 학생의 나눔

히브리서 7장 1-28절을 중심으로 히브리서 4장 14절-6장 20절과 히브리서 8장 1-13절과 어떻게 연결 되는가 연구한 내용을 그룹에서 나누어 봅시다.

2) 인도자의 설명

① 오늘 본문이 어떤 구조로 이루어져 있는가를 찾아보고, 이야기를 나누어 봅시다.

2. 본문 읽기(10분:소그룹으로)

1) 읽기

* 다양한 방법으로 본문을 반복하여 여러 번 읽습니다.

① 그룹원들은 눈을 감고 한 사람이 읽어 줍니다.

② 그룹원들 각자가 본문을 자세히 읽어 봅시다.

2) 그리기

* 읽고 들으면서 여러분이 본문에서 새롭게 느낀 점이나 감동되는 내용을 적어 봅시다. 그리고 서로 나누어 봅시다.

3. 본문 이해하기(40분:소그룹으로)

1) 문단 나누기

* 본문의 흐름, 짜임새 등에 관하여 의견을 나누면서 문단을 나눕니다.

① 본문을 소 단락으로 나누어 보고, 제목을 붙여 봅시다.

② 소 단락의 내용을 간략하게 이야기해 봅시다.

2) 소 단락 읽고 이해하기

① 멜기세덱이 구약의 레위 전통을 따르는 제사장과 구별되는 차이점을 본문 안에서 찾아봅시다.

② 레위 계통의 제사직분 위에 새로운 제사장을 세워야 하는 이유는 어디에 있습니까?

③ 예수 그리스도께서 멜기세덱의 서열을 따르고 있다는 증거는 무엇입니까?

④ 멜기세덱의 서열을 따른 제사장으로서 그리스도의 사역은 무엇입니까?

3) 본문과 관련된 다른 성경구절과의 관계 고찰하기

① 시편 110편 3-4절의 내용을 본문에 비추어 생각해 봅시다. 그리고 여러분의 생각을 나누어 봅시다.

② 창세기 14장 17-20절의 내용을 본문과 연결 지어 생각해 보면서, 무엇을 느끼는지도 나누어 봅시다.

4) 본문을 재구성하기

* 7장 12절과 관련하여 여러분이 느낀 바를 적어 봅시다. 그리고 서로 나누어 봅시다.

4. 본문으로 세상 읽기 (15분: 소그룹으로)

1) 본문으로 나 읽기

① '영원한' 제사장이란 표현이 내게 던져 주는 의미는 무엇입니까?(참고 7:17, 28)

② 나의 신앙생활은 누구의 서열을 따르고 있습니까? 나의 신앙적 모델은 누구입니까?

2) 본문으로 교회 읽기

① 그리스도께서 멜기세덱의 서열을 따랐다는 것은 한국 교회 성도들과 목회자들에게 어떤 의미를 줄 수 있을까요?

② "네가 영원히 멜기세덱의 서열을 따르는 제사장이라"(7:17)는 말씀을 교회를 향한 말씀으로 변형하여 "네가 영원히 멜기세덱의 서열을 따르는 교회라"고 이해할 때, 우리 교회가 귀 기울여야 할 메시지는 무엇일까요?

5. 삶으로 엮어 내기(15분:소그룹으로)

1) '나'의 삶에 적용하고 실천할 수 있는 방안 모색하기

2) '교회' 삶에 적용하고 실천할 수 있는 방안 모색하기

* 본문으로 교회 읽기에서 다룬 내용의 구체적인 방안을 모색하고, 가능한 것부터 실천하도록 합시다.

* 그리고 우리의 믿음을 살피면서, 그리고 결단한 내용을 실천에 옮기도록 성령의 도움을 구하면서 다 함께 기도합시다.

6. 소그룹 마무리

1) 참여자들은 인도자에 대한 평가서를 작성하여 인도자에게 줍니다.

2) 그날 소그룹활동에 대한 평가와 소감을 나눕니다.

7. 마무리하기(40분:대그룹으로)

1) 해결하지 못한 사항을 질문, 대답 시간.

2) 소그룹 공부를 통해서 결정했던 실천사항들을 대그룹에서 발표

3) 인도자의 소감 발표, 인도자에 대한 평가를 작성하여 발표

4) 다음 수업 본문의 예시, 숙제 제시.

* 히브리서 8장 1-13절을 중심으로 히브리서 7장 1-28절과 9장 23절-10장 18절의 내용이 어떻게 연결되고 있는가를 연구해 봅시다. 그리고 그 내용을 기록하여 다음 시간에 제출해 주십시오.

5) 기도로 마무리합니다.

히브리서 ○

제7과 ○

새 언약의 중보자 되시는 그리스도(히 8:1-13)

히브리서 8장 6절

이제 예수께서는 더욱 더 뛰어난 직무를 맡으셨습니다.

그것은 그 분께서 더 위대한 약속 위에 세워진

더 좋은 언약의 중보자이시기 때문입니다.

(사역 소기천 교수)

제7과 새 언약의 중보자 되시는 그리스도(히 8:1-13)

1. 본문으로 들어가면서(10분: 대그룹으로)

배정된 분문의 짜임새와 전후관계 살피기

1) 학생의 나눔

히브리서 8장 1-13절을 중심으로 히브리서 7장 1-28절과 9장 1-10절의 내용이 어떻게 연결되고 있는지 연구해 온 내용을 그룹에서 나누어 봅시다.

2) 인도자의 설명

2. 본문 읽기(10분:소그룹으로)

1) 읽기

* 다양한 방법으로 본문을 반복하여 여러 번 읽습니다.

① 히브리서 8장 1절-13절을 한 사람씩 돌아가면서 읽어 봅시다.

② 각 자 본문을 다시 깊이 읽어 봅시다.

2) 그리기

* 읽고 들으면서 여러분이 이해한 대로 본문의 내용을 여러분의 말로 써 봅시다. 그리고 서로 나누어 읽어 봅시다.

3. 본문 이해하기(40분:소그룹으로)

1) 문단 나누기

* 본문의 흐름, 짜임새 등에 관하여 의견을 나누면서 문단을 나눕니다.

① 본문을 소 단락으로 나누어 보고, 제목을 붙여 봅시다.

② 소 단락의 내용을 간략하게 이야기해 봅시다.

2) 소 단락 읽고 이해하기

① 8장 1절: "지금 우리가 하는 말의 요점은 이러한 대제사장이 우리에게 있다는 것이라"를 통해서 히브리서의 저자가 강조하고 싶은 내용은 무엇일까요?

② 8장 2절에는 모세의 장막과 대조되는 '참 장막(성소)' 을 섬기는 자로 예수 그리스도를 소개하고 있습니다. 본문에서 모세의 장막과 참 장막을 표현하고 있는 내용을 찾아 정리해 봅시다.

③ 6절의 "더 아름다운 직분"과 "더 좋은 언약의 중보자"란 표현을 통해서 본문이 드러내고자 하는 의미는 무엇일까요?(참고: 히 9:15-23)

④ 본문은 이스라엘의 역사 속에서 맺으셨던 하나님의 언약(옛 언약과 새 언약)을 어떻게 설명하고 있습니까?(8-12절)

3) 본문과 관련된 다른 성경구절과의 관계 고찰하기

* 고린도전서 11장 25절과 로마서 11장 26-27절의 내용을 본문과 연결을 지어 고찰해 봅시다.

4) 본문을 재구성하기

* 이 본문을 기록하는 히브리서 저자의 마음으로 그 내용을 다시 여러분의 말로 축약해서 편지를 써 봅시다.

4. 본문으로 세상 읽기(15분:소그룹으로)

1) 본문으로 나 읽기

① "이러한 대제사장이 우리에게 있다"는 말씀이 내게 의미하는 바를 이야기해 봅시다.

② 8장 13절 말씀을 기억하며 내게 남아 있는 낡은 것이 무엇인지를 생각해 봅시다.

2) 본문으로 교회 읽기

① 모세의 장막이 하늘에 있는 것의 참 형상(10:1)이 아니라 모형(모방)이요 그림자(8:5)에 불과하다고 할 때, 우리 한국 교회가 넘어서야 할 모형과 그림자의 모습은 무엇입니까?

② 우리 교회 안에는 성소와 지성소의 휘장이 아직도 존재하지는 않습니까? 만일 여전히 존재한다면 그것은 어떤 것일까요?

5. 삶으로 엮어 내기(15분:소그룹으로)

1) '나'의 삶에 적용하고 실천할 수 있는 방안 모색하기

2) '교회' 삶에 적용하고 실천할 수 있는 방안 모색하기

* 위에서 토론한 내용을 실천할 수 있도록 구체적인 방안을 세웁시다.

6. 소그룹 마무리

1) 참여자들은 인도자에 대한 평가서를 작성하여 인도자에게 줍니다.

2) 그날 소그룹활동에 대한 평가와 소감을 나눕니다.

7. 마무리하기(40분:대그룹으로)

1) 해결하지 못한 사항을 질문, 대답 시간.

2) 소그룹 공부를 통해서 결정했던 실천사항들을 대그룹에서 발표.

3) 인도자의 소감 발표, 인도자에 대한 평가를 작성하여 발표.

4) 다음 수업 본문의 예시, 숙제 제시.

* 히브리서 9장 11-22절의 내용이 다음과의 본문인 히브리서 9장 23절-10장 18절과 어떻게 연결되고 있는가를 연구해 봅시다. 그리고 그 내용을 기록하여 다음 시간에 제출해 주십시오.

5) 기도로 마무리합니다.

제8과

대제사장 그리스도의 희생제사(히 9:23-10:18)

히브리서 9장 15절

그리스도께서 새 언약의 중보자이시니,

그 결과 첫 언약의 때에 죄를 범한 사람들을 구원하시려고

단번에 죽으심으로써 부르심을 받은 자들이

영원한 기업의 약속을 받게 되었습니다.

(사역 소기천 교수)

제8과 대제사장 그리스도의 희생제사(히 9:23-10:18)

1. 본문으로 들어가면서(10분: 대그룹으로)

배정된 분문의 짜임새와 전후관계 살피기

1) 학생의 나눔

히브리서 9장 23절-10장 18절을 중심으로 히브리서 8장 1-13절과 히브리서 10장 19-39절의 내용과 어떻게 연결되고 있는지 연구해 온 내용을 나누어 봅시다.

2) 인도자의 설명

2. 본문 읽기(10분:소그룹으로)

1) 읽기

* 다양한 방법으로 본문을 반복하여 여러 번 읽습니다.

① 다 같이 히브리서 9장 23절-10장 18절의 본문을 한 절씩 돌아가면서 읽어 봅시다.

② 한 사람이 읽어 주고 그룹원들은 눈을 감고 듣도록 합니다.

2) 그리기

* 읽고 들으면서 새롭게 느낀 점이나 감동되는 내용을 적어 봅시다. 그리고 서로 나누어 읽어 봅시다.

3. 본문 이해하기(40분:소그룹으로)

1) 문단 나누기

* 본문의 흐름, 짜임새 등에 관하여 의견을 나누면서 문단을 나눕니다.

① 본문을 소 단락으로 나누어 보고, 제목을 붙여 봅시다.

② 소 단락의 내용을 간략하게 이야기해 봅시다.

2) 소 단락 읽고 이해하기

① 하늘의 모형이자 그림자에 불과했던 첫 번째 장막(율법에 따른 제사)의 한계성을 본문은 어떻게 지적하고 있습니까?

② 참 형상인 '온전한 장막'(9:11; 10:10-13)으로 회복되기 위해서 요구되는 것은 무엇입니까?

③ 10:5-6절은 무엇을 의미합니까? 반(反)예식주의를 말하는 것은 아닙니까?(참고: 10:7-10)

④ 본문에서 언급되고 있는 '단번에'(9:26; 10:2, 10, 14)가 의미하는 것은 무엇이며, '계속해서 반복적'으로 보다 '단번에'가 더 의미 있는 이유는 무엇일까요? 이해를 돕기 위해 다른 말로 바꾼다면 어떤 표현이 가장 타당하겠습니까?

3) 본문과 관련된 다른 성경구절과의 관계 고찰하기

* 본문의 10장 5-7절을 시편 40편 6-8절의 의미관계 속에서 생각해 봅시다.

4) 본문을 재구성하기

* 본문의 내용을 여러분의 말로 간단하게 기록해 봅시다.

4. 본문으로 세상 읽기(15분:소그룹으로)

1) 본문으로 나 읽기

① 그리스도의 희생제사를 통해 이루어진 속죄의 복음 앞에 서 있는 오늘 나 자신의 모습은 어떠한지 성찰해 봅시다.

② "하나님께서 제물과 예물을 원하지 아니하시고", '하나님의 뜻' 을 순종하며 행하기를 원하신다는 말씀(10:8-9)이 내게 주는 의미는 무엇입니까?

2) 본문으로 교회 읽기

① 본문에서 언급하고 있는 '단번에' 드려진 그리스도의 희생제사와 반복적으로 드리는 우리의 예배의 관련성에 대해서 생각해 봅시다.

② 본문의 의미에 비추어 볼 때, 한국 교회의 예배가 주목해야 할 점은 무엇입니까?

5. 삶으로 엮어 내기(15분:소그룹으로)

1) '나'의 삶에 적용하고 실천할 수 있는 방안 모색하기

2) '교회' 삶에 적용하고 실천할 수 있는 방안 모색하기

* 교회의 예배를 통해 진정한 속죄의 의미를 전달할 수 있는 길은 무엇이겠습니까?

6. 소그룹 마무리

1) 참여자들은 인도자에 대한 평가서를 작성하여 인도자에게 줍니다.

2) 그날 소그룹활동에 대한 평가와 소감을 나눕니다.

7. 마무리하기(40분:대그룹으로)

1) 해결하지 못한 사항을 질문, 대답 시간.

2) 소그룹 공부를 통해서 결정했던 실천사항들을 대그룹에서 발표.

3) 인도자의 소감 발표, 인도자에 대한 평가를 작성하여 발표.

4) 다음 수업 본문의 예시, 숙제 제시.

* 히브리서 10장 19-39절의 내용을 중심으로 히브리서 10장 1-18절과 11장 1-16절의 내용이 어떻게 연결되고 있는가 연구해 봅시다.

5) 기도로 마무리합니다.

제9과

그리스도인의 신뢰와 응답(히 10:19-39)

히브리서 10장 19-20절

형제자매들아

우리가 예수의 피로 말미암아 성소에 들어가기 위한 확신을 가졌기 때문에,

그 분께서 휘장을 통해서

우리에게 새롭고 살아 있는 그 길을 열어 놓으셨습니다.

이것은 그 분의 육체입니다.

(사역 소기천 교수)

제9과 그리스도인의 신뢰와 응답(히 10:19-39)

1. 본문으로 들어가면서(10분: 대그룹으로)

배정된 분문의 짜임새와 전후관계 살피기

1) 학생의 나눔

히브리서 10장 19-39절의 내용이 히브리서 10장 1-18절과 11장 1-16절의 내용과 어떻게 연결되고 있는지 연구해 온 내용을 나누어 봅시다.

2) 인도자의 설명

2. 본문 읽기(10분:소그룹으로)

1) 읽기

* 다양한 방법으로 본문을 반복하여 여러 번 읽습니다.

① 다 같이 히브리서 10장 19-39절을 한 절씩 돌아가면서 읽어 봅시다.

② 한 사람이 읽어 주고 그룹원들은 눈을 감고 듣도록 합니다.

2) 그리기

* 읽고 들으면서 새롭게 느낀 점이나 감동되는 내용을 적어 봅시다. 그리고 서로 나누어 읽어 봅시다.

3. 본문 이해하기(40분:소그룹으로)

1) 문단 나누기

* 본문의 흐름, 짜임새 등에 관하여 의견을 나누면서 문단을 나눕니다.

① 본문을 소 단락으로 나누어 보고, 제목을 붙여 봅시다.

② 소 단락의 내용을 간략하게 이야기해 봅시다.

2) 소 단락 읽고 이해하기

① 10장 19-21절이 요약해서 설명해 주고 있는 내용을 이전에 공부했던 부분과 연결해서 생각해 보도록 합시다.

② 23절에서 "약속하신 이는 미쁘시니 우리가 고백하는 소망을 움직이지 말며 굳게 잡고 서로 돌아보아 사랑과 선행을 격려"(10:23-24)하라는 권면을 통해 강조하고 있는 것은 무엇입니까?

③ 10장 26-31절에서 엄하게 경고하고 있는 바는 무엇입니까? 또 이어지는 32-34절과 어떤 관계를 가지고 있습니까?

④ 10장 35-36절에서 히브리서의 저자는 자신의 상황을 구약의 예언자 하박국의 상황(주전 7세기 후반)과 연관시키고자 합니다. 어떤 상황을 상기시키고자 하는 것이겠습니까?(참고: 합 1:1-4, 12-16)

3) 본문과 관련된 다른 성경구절과의 관계 고찰하기

① 10장 22절의 내용을 에스겔 36장 25-26절과 연결 지어 생각해 봅시다.

② 하박국 2장 4절과 여기서 인용된 히브리서 10장 38절을 비교해 봅시다. 어떤 차이점이 있습니까? 그리고 그 차이점이 의미하는 바는 무엇입니까?

4) 본문을 재구성하기

* 본문의 내용을 여러분의 말로 간단하게 기록해 봅시다.

4. 본문으로 세상 읽기(15분:소그룹으로)

1) 본문으로 나 읽기

① '성소에 들어갈 담력' 이란 표현을 통해 내게 들려지는 의미는 무엇입니까?

② "전날에 너희가 빛을 받은 후에 고난의 큰 싸움을 견디어 낸 것을 생각하라"(10:32)는 말씀이 내게 주시는 의미는 무엇입니까?

2) 본문으로 교회 읽기

① 10장 22-25절에서 권면하고 있는 그리스도인의 지침과 관련하여 한국 교회가 특히 기억해야 할 점은 무엇이라고 생각합니까?

② 우리의 교회가 세상을 변화시키기 위해서 담대(신뢰/확신)해야 할 부분과 인내해야 할 부분이 있다면 찾아봅시다(10:35-36).

5. 삶으로 엮어 내기(15분:소그룹으로)

1) '나'의 삶에 적용하고 실천할 수 있는 방안 모색하기

2) '교회' 삶에 적용하고 실천할 수 있는 방안 모색하기

6. 소그룹 마무리

1) 참여자들은 인도자에 대한 평가서를 작성하여 인도자에게 줍니다.

2) 그날 소그룹활동에 대한 평가와 소감을 나눕니다.

7. 마무리하기(40분:대그룹으로)

1) 해결하지 못한 사항을 질문, 대답 시간.

2) 소그룹 공부를 통해서 결정했던 실천사항들을 대그룹에서 발표.

3) 인도자의 소감 발표, 인도자에 대한 평가를 작성하여 발표.

4) 다음 수업 본문의 예시, 숙제 제시.

* 히브리서 11장 1-16절의 내용을 중심으로 히브리서 10장 19-39절과 히브리서 12장 1-13절 내용이 어떻게 연결되고 있는가를 연구해 봅시다. 그리고 그 내용을 기록하여 다음 시간에 제출해 주십시오.

5) 기도로 마무리합니다.

히브리서

제10과

믿음으로 산다는 것은?(히 11:1-16)

히브리서 11장 1절

믿음은 소망하는 것들의 실체이며,

보이지 않는 것들의 증거입니다.

(사역 소기천 교수)

제10과 믿음으로 산다는 것은?(히 11:1-16)

1. 본문으로 들어가면서(10분: 대그룹으로)

배정된 본문의 짜임새와 전후관계 살피기

1) 학생의 나눔

히브리서 10장 19–39절의 내용과 히브리서 12장 1–13절 내용이 오늘 본문과 어떻게 연결되는가를 연구하여 온 내용을 그룹에서 나누어 봅시다.

2) 인도자의 설명

2. 본문 읽기(10분:소그룹으로)

1) 읽기

＊ 다양한 방법으로 본문을 반복하여 여러 번 읽습니다.

① 그룹원들은 눈을 감고 한 사람이 읽어 줍니다.

② 그룹원들 각자가 본문을 자세히 읽어 봅시다.

2) 그리기

＊ 읽고 들으면서 여러분이 본문에서 새롭게 느낀 점이나 감동되는 내용을 적어 봅시다. 그리고 서로 나누어 봅시다.

3. 본문 이해하기(40분:소그룹으로)

1) 문단 나누기

＊ 본문의 흐름, 짜임새 등에 관하여 의견을 나누면서 문단을 나눕니다.

① 본문을 소 단락으로 나누어 보고, 제목을 붙여 봅시다.

② 소 단락의 내용을 간략하게 이야기해 봅시다.

2) 소 단락 읽고 이해하기

① 오늘 본문이 어떤 구조로 쓰였는가를 찾아보고, 이야기를 나누어 봅시다.

② 믿음으로 사는 자들이 가져야 할 믿음의 대전제를 본문 안에서 찾아보고 그 내용을 새겨 봅시다.

③ 위에서 발견한 믿음의 대전제에서 볼 때, 아벨과 에녹은 어떤 부분을 설명해 주는 예(例)이며, 그분들을 통하여 어떤 믿음의 자세를 우리에게 보여 주고 있다고 생각되십니까?

④ 노아의 믿음이 우리에게 보여 주는 교훈은 무엇입니까?

⑤ 아브라함과 사라의 믿음은 어떤 믿음인가를 찾아서 나누어 봅시다.

⑥ 히브리서 11장 1절의 내용을 설명해 보십시오. 그리고 이 구절이 11장 전체 내용에서 어떤 역할을 하는지 이야기해 봅시다.

3) 본문과 관련된 다른 성경구절과의 관계 고찰하기

① 창세기 38장 11-23절의 내용을 본문에 비추어 생각해 봅시다. 그리고 여러분의 생각을 나누어 봅시다.

② 디모데후서 4장 6-8절의 내용을 본문과 연결 지어 생각해 보면서, 무엇을 느끼는지도 나누어 봅시다.

4) 본문을 재구성하기

* 여러분이 느낀 바를 적어 봅시다. 그리고 서로 나누어 봅시다.

4. 본문으로 세상 읽기(15분:소그룹으로)

1) 본문으로 나 읽기

① 현재 여러분에게 가장 염려되는 일(들)을 히브리서 11장 1절의 말씀 위에 놓고 생각해 보면서 어떻게 그 문제를 해결해 나가야 하는지를 결단합시다.

② 오늘날 나의 믿음 생활에 가장 약점은 어디에 있다고 생각합니까? 이런 점을 치료하기 위해서는 어떻게 해야 할까를 결단하고 실행에 옮기십시다.

2) 본문으로 교회 읽기

① 만약 오늘 교회들에게 초기 교회와 같은 박해가 닥친다면 어떻게 될까? 왜 그런 결과가 일어나게 되었는지를 나누어 봅시다.

② 현대 교회의 신앙의 가장 큰 잘못은 어디에 있다고 생각되십니까? 이런 잘못된 점을 바로 세우기 위해서는 어떤 노력이 필요하다고 생각하십니까?

5. 삶으로 엮어 내기(15분:소그룹으로)

1) '나'의 삶에 적용하고 실천할 수 있는 방안 모색하기

2) '교회' 삶에 적용하고 실천할 수 있는 방안 모색하기

* 본문으로 교회 읽기에서 다룬 내용의 구체적인 방안을 모색하고, 가능한 것부터 실천하도록 합시다.

* 그리고 우리의 믿음을 살피면서, 그리고 결단한 내용을 실천에 옮기도록 성령의 도움을 구하면서 다 함께 기도합시다.

6. 소그룹 마무리

1) 참여자들은 인도자에 대한 평가서를 작성하여 인도자에게 줍니다.

2) 그날 소그룹활동에 대한 평가와 소감을 나눕니다.

7. 마무리하기(40분:대그룹으로)

1) 해결하지 못한 사항을 질문, 대답 시간.

2) 소그룹 공부를 통해서 결정했던 실천사항들을 대그룹에서 발표.

3) 인도자의 소감 발표, 인도자에 대한 평가를 작성하여 발표.

4) 다음 수업 본문의 예시, 숙제 제시.

* 히브리서 12장 1-13절을 중심으로 히브리서 11장 1-16절과 13장 1-17절 내용이 어떻게 연결되고 있는가를 연구해 봅시다. 그리고 그 내용을 기록하여 다음 시간에 제출해 주십시오.

5) 기도로 마무리합니다.

히브리서

제11과

믿음으로 살기 위한 훈련(히 12:1-13)

히브리서 12장 28절

우리가 흔들리지 않는 나라를 받았은즉 은혜를 받읍시다.

그리고 경건함과 두려움으로

하나님께 기뻐하실 만한 예배를 드립시다.

(사역 소기천 교수)

제11과 믿음으로 살기 위한 훈련(히 12:1-13)

1. 본문으로 들어가면서(10분: 대그룹으로)

배정된 분문의 짜임새와 전후관계 살피기

1) 학생의 나눔

히브리서 12장 1-13절을 중심으로 히브리서 11장 1-16절과 13장 1-17절의 내용이 어떻게 연결되고 있는가를 연구해 온 내용을 그룹에서 나누어 봅시다.

2) 인도자의 설명

2. 본문 읽기(10분:소그룹으로)

1) 읽기

＊ 다양한 방법으로 본문을 반복하여 여러 번 읽습니다.

① 12:1-3, 4-6, 7-11, 12-13절을 한 사람씩 돌아가면서 읽어 봅시다.

② 각 자 본문을 다시 깊이 읽어 봅시다.

2) 그리기

＊ 읽고 들으면서 여러분이 이해한 대로 본문의 내용을 여러분의 말로 써 봅시다. 그리고 서로 나누어 읽어 봅시다.

3. 본문 이해하기(40분:소그룹으로)

1) 문단 나누기

＊ 본문의 흐름, 짜임새 등에 관하여 의견을 나누면서 문단을 나눕니다.

① 본문을 소 단락으로 나누어 보고, 제목을 붙여 봅시다.

② 소 단락의 내용을 간략하게 이야기해 봅시다.

2) 소 단락 읽고 이해하기

① 1절에서 말하는 "구름 같이 둘러싼 허다한 증인들"은 누구를 말하는 것일까?

② 본문에 나타난 믿음의 경주를 잘하는 비결은 무엇입니까? 왜 그런 자세가 중요하다고 생각하십니까?

③ 저자는 2,3절에서 왜 예수님에 대하여 설명하고 있을까요?

④ 5절 이하에서 징계(훈련)란 무엇을 말하는 것일까? 그 당시 그리스도인들에게는 어떤 의미를 주며, 오늘 우리에게는 어떤 의미를 준다고 생각하십니까?

⑤ 2절에 '온전하게 하시는 이' 란 무슨 뜻인가? 어떤 의미에서 예수님께서 '믿음의 주' (창시자)요, '믿음의 완성자' 라고 강조하는 것입니까?

3) 본문과 관련된 다른 성경구절과의 관계 고찰하기

① 출애굽기 32장 1-5절의 내용을 본문의 내용에 비춰서 생각해 봅시다.

② 마가복음 15장 12-20절의 내용과 본문을 연결 지어 고찰해 봅시다.

4) 본문을 재구성하기

* 이 본문을 기록하는 히브리 저자의 마음으로 그 내용을 다시 여러분의 말로 다시 편지를 써 봅시다.

4. 본문으로 세상 읽기(15분:소그룹으로)

1) 본문으로 나 읽기

① 예수님께서 사셨던 모습과 나의 모습을 비교해 보며 나의 신앙생활을 반성해 봅시다.

② 여러분이 받은 신앙의 훈련 중에 가장 깊이 감사하는 것은 무엇입니까? 왜 그 일이 그처럼 중요하다고 생각하십니까?

2) 본문으로 교회 읽기

① 오늘 교회들이 가장 중요하게 생각하는 핵심가치는 무엇이라고 생각합니까? 교회의 바른 신앙의 목표는 무엇이어야 하는지도 생각해 봅시다.

② 하나님께서 오늘의 교회들을 어떻게 훈련시키신다고 생각하십니까? 우리 교회들은 그런 하나님의 훈련을 어떻게 받아드려야 하는지를 나누어 보면서, 올바른 교회로 세워지기 위한 구체적인 계획을 세우고 노력합시다.

5. 삶으로 엮어 내기(15분:소그룹으로)

1) '나'의 삶에 적용하고 실천할 수 있는 방안 모색하기

2) '교회' 삶에 적용하고 실천할 수 있는 방안 모색하기

* 위에서 토론한 내용을 실천할 수 있도록 구체적인 방안을 세웁시다.

6. 소그룹 마무리

1) 참여자들은 인도자에 대한 평가서를 작성하여 인도자에게 줍니다.

2) 그날 소그룹활동에 대한 평가와 소감을 나눕니다.

7. 마무리하기(40분:대그룹으로)

1) 해결하지 못한 사항을 질문, 대답 시간.

2) 소그룹 공부를 통해서 결정했던 실천사항들을 대그룹에서 발표.

3) 인도자의 소감 발표, 인도자에 대한 평가를 작성하여 발표.

4) 다음 수업 본문의 예시, 숙제 제시.

* 히브리서 13장 1-17절을 중심으로 히브리서 12장 18-29절과 13장 18-25절 내용이 어떻게 연결되고 있는가를 연구해 봅시다. 그리고 그 내용을 기록하여 다음 시간에 제출해 주십시오.

5) 기도로 마무리합니다.

제12과

믿음으로 실천하기(히 13:1-17)

히브리서 13장 7절

여러분에게 하나님의 말씀을 말한 지도자들을 기억하십시오.
여러분은 그들의 행실의 결과를 관상함으로써
그들의 확신을 본받으십시오.

(사역 소기천 교수)

제12과 믿음으로 실천하기(히 13:1-17)

1. 본문으로 들어가면서(10분: 대그룹으로)

배정된 분문의 짜임새와 전후관계 살피기

1) 학생의 나눔

히브리서 13장 1-17절을 중심으로 히브리서 12장 18-29절과 13장 18-25절 내용이 어떻게 연결되고 있는가를 연구해 온 내용을 나누어 봅시다.

2) 인도자의 설명

2. 본문 읽기(10분:소그룹으로)

1) 읽기

* 다양한 방법으로 본문을 반복하여 여러 번 읽습니다.

① 다 같이 본문을 읽어 봅시다.

② 한 사람이 읽어 주고 그룹원들은 눈을 감고 듣도록 합니다.

2) 그리기

* 읽고 들으면서 새롭게 느낀 점이나 감동되는 내용을 적어 봅시다. 그리고 서로 나누어 읽어 봅시다.

3. 본문 이해하기(40분:소그룹으로)

1) 문단 나누기

* 본문의 흐름, 짜임새 등에 관하여 의견을 나누면서 문단을 나눕니다.

① 본문을 소 단락으로 나누어 보고, 제목을 붙여 봅시다.

② 소 단락의 내용을 간략하게 이야기해 봅시다.

2) 소 단락 읽고 이해하기

① 13장의 내용을 읽으면서, 히브리서 독자들이 어떤 형편에 있다고 생각되십니까? 여러분의 의견을 나누어 봅시다.

② 13장에서 말하는 '나그네'('손님'으로 번역된 단어가 실제로는 '나그네'로 번역될 수 있음)는 누구를 말하고 있습니까? 일반적으로 바울 서신에서 나타나는 나그네(딤전 3:2, 요 3서 5-8)는 어떤 사람을 의미합니까?

③ 4절에서 '결혼과 잠자리' 이야기가 나오고 있습니다. 여기서 저자는 왜 이 말을 하고 있을까요?

④ “돈을 사랑하지 말라”는 말과 “주님이 친히 말씀하셨다”는 내용과 6절이 어떻게 연결되는 것인지를 말해 보십시오.

⑤ “지도자를 기억해야 하는 일”과 8-9절이 어떻게 연결되고 있습니까? 여기서 무슨 말을 하려고 하는지를 나누어 봅시다.

⑥ 17절의 의미는 무엇입니까? 그때 당시에 어떤 일들이 일어나고 있었다고 생각됩니까?

⑦ 10-16절까지의 내용은 무엇을 말하고 있습니까? 당시 그리스도인들에게는 어떤 의미이며, 오늘 우리들에게는 어떤 교훈을 주고 있다고 생각되십니까?

3) 본문과 관련된 다른 성경구절과의 관계 고찰하기

① 마태복음 25장 31-46절과 본문을 연결 지어 생각해 봅시다.

② 호세아 4장 6-10절과 14장 1-3절의 내용을 본문과 연결 지어 생각해 보면서, 무엇을 느끼는지도 나누어 봅시다.

4) 본문을 재구성하기

* 본문의 내용을 여러분의 말로 간단하게 기록해 봅시다.

4. 본문으로 세상 읽기(15분:소그룹으로)

1) 본문으로 나 읽기

① 히브리어 본문에 보면, 주를 위해 박해 받으며 믿음을 지켜가는 자들이 있는가 하면 다른 편에서는 음행이나 재물에 심취해 있는 사람들이 한 교회 안에 있다. 여러분은 그 중에 어느 편에 있는 사람이라고 확신하십니까?

② 당신이 하나님 나라의 한 사람으로 세상에 있는데, 하나님의 나라를 위하여 봉사하고 있는 일은 무엇인지를 적어 보십시오.

2) 본문으로 교회 읽기

① 교회 공동체가 건강해지려면 절약과 나눔(히 13:16)이 있어야 합니다. 우리 교회 안에 성도들의 나눔은 얼마나 실천되고 있는지를 반성해 봅시다.

② 우리의 교회가 과연 세상을 섬김으로써 스스로를 변화시켜 나가고 있는지를 반성해 봅시다.

5. 삶으로 엮어 내기(15분:소그룹으로)

1) '나'의 삶에 적용하고 실천할 수 있는 방안 모색하기

2) '교회' 삶에 적용하고 실천할 수 있는 방안 모색하기

① 절약과 나눔을 위해 가능한 구체적인 실천방안을 세웁시다.

② 세상을 변화시켜 나가는 교회가 되도록 해야 하는 실천 가능한 구체적인 계획을 세웁시다.

6. 소그룹 마무리

1) 참여자들은 인도자에 대한 평가서를 작성하여 인도자에게 줍니다.

2) 그날 소그룹활동에 대한 평가와 소감을 나눕니다.

7. 마무리하기(40분:대그룹으로)

1) 해결하지 못한 사항을 질문, 대답 시간.

2) 소그룹 공부를 통해서 결정했던 실천사항들을 대그룹에서 발표.

3) 인도자의 소감 발표, 인도자에 대한 평가를 작성하여 발표.

4) 다음 수업 본문의 예시, 숙제 제시.

* 이번에 히브리서를 통해서 새롭게 공부한 내용을 정리해 보고, 히브리서를 공부하는 중에 각자에게 좋았던 내용을 기록하여 제출해 주십시오.

5) 기도로 마무리합니다.

장로회신학대학교
Presbyterian College and Theological Seminary

장로회신학대학교
Presbyterian College and Theological Seminary

장로회신학대학교
Presbyterian College and Theological Seminary